Erfolgreiche Führung –

der neue Business Ratgeber

Wie du als Führungskraft deine Mitarbeiter motivierst & richtige Entscheidungen triffst, auch in Krisenzeiten – in der neuen digitalen Welt

Dr. Marion Bourgeois

Alle Ratschläge in diesem Buch wurden vom Autor und vom Verlag sorgfältig erwogen und geprüft. Eine Garantie kann dennoch nicht übernommen werden. Eine Haftung des Autors beziehungsweise des Verlags für jegliche Personen-, Sach- und Vermögensschäden ist daher ausgeschlossen.

Erfolgreiche Führung – der neue Business Ratgeber: Wie du als Führungskraft deine Mitarbeiter motivierst & richtige Entscheidungen triffst, auch in Krisenzeiten – in der neuen digitalen Welt

1. Auflage 2022

INHALT

Vorwort & Intention

Was ist eigentlich gute Führung? Mit dieser Frage habe ich mich in den letzten Jahren immer öfter beschäftigt, mich regelrecht an ihr gerieben, und mich mit unendlich vielen Aspekten drumherum auseinandergesetzt. Umgekehrt habe ich im Coaching und in Trainings immer wieder Unternehmern und Führungskräften folgende zwei Fragen gestellt: „Würdest du gerne den Erfolg deines Unternehmens sichern und es weiter voranbringen?" und „Möchtest du wissen, wie du deine Mitarbeiter und Teams gesund und motiviert hältst?" Selten, dass einmal jemand „Nein" darauf gesagt hat. Natürlich wollen Menschen, die führen, wissen, wie sie das bestmöglich tun können. Sie wollen unternehmerischen Erfolg genauso wie Mitarbeiter wachsen und im Miteinander gedeihen sehen. Allerdings ist dafür gerade jetzt einiges nötig.

Unternehmenslenker & Leader müssen sich wieder einmal neu erfinden. Aufgrund der aktuellen Situation wird klar, dass alte Denkmuster nicht mehr passen. Wir alle müssen offen für Veränderungen sein, neue Wege gehen und Chancen dafür finden. Auch wenn wir nicht wissen, was morgen ist und gilt. CEOs müssen jetzt

Entscheidungen treffen, um die Zukunft zu gestalten. Ein gutes Beispiel dafür ist „Home-Office versus Büroanwesenheit". Insofern wird es Zeit, sich selbst kritisch zu hinterfragen und weiterzuentwickeln, will man auch in den Zeiten des Wandels ein erfolgreicher Leader bleiben.

Das „Führungs-Gebot" von heute ist die Menschlichkeit. Menschlich zu bleiben, auch wenn es virtuell wird, ist nur eine Herausforderung von vielen. Jeder Mitarbeiter steht an einem anderen Punkt, jeder hat seine eigene Persönlichkeit. Es gibt nicht den EINEN richtigen Weg, sondern nur den, der zum jeweiligen Menschen passt. Daraus ergeben sich sehr interessante Leadership Styles und die adaptive Führung. All das und mehr werden dir in diesem Buch vorgestellt.

Wenn wir uns darüber bewusstwerden, dass „anders sein" nicht „besser oder schlechter" bedeutet und wir eine offene Feedbackkultur haben, können wir mit Unterschiedlichkeit umgehen und aus ihr sogar Innovation und Kreativität erzeugen. Das Ziel meines Business-Ratgebers ist es, Unternehmenslenkern, CEOs und Führungskräften effektive und nützliche Methoden anzubieten, mit denen sie auch in Unternehmenskrisen stark bleiben und Mitarbeiter langfristig motivieren können. Ich möchte den Leserinnen und Lesern dabei helfen, erfolgreicher zu werden und Chancen zu erkennen. Schon ein paar Jahrzehnte und durch selbst erlebte Krisen lautet mein ganz persönliches Motto: „Gestalte dein Leben selber und trainiere für Erfolge, denn Erfolg ist, wenn Wahrnehmung auf Bereitschaft trifft".

Auf diese Reise möchte ich dich mitnehmen – wenn du mich lässt. Ich möchte dich abholen mit all deiner Erfahrung und den Fähigkeiten, die du bislang erworben und umgesetzt hast. Ich möchte dich begeistern, einmal dem eigenen Dunstkreis zu entfliehen, vielleicht unbekanntes Terrain zu betreten und neue Führungswelten kennenzulernen. Wenn du dich darauf einlassen kannst, wirst du davon profitieren – das verspreche ich!

- Du wirst noch besser verstehen, was gute Führung ausmacht und wie du Konflikte aufgrund verschiedener Ansichten vermeiden kannst.
- Du lernst, Mitarbeiter motiviert zu halten und neue Mitarbeiter ideal einzubinden – sogar in virtuellen Teams.
- Du wirst richtige Entscheidungen treffen können, trotz Unsicherheiten, Krisenzeiten und sonstiger Hindernisse, wie zum Beispiel Kündigungen oder Kurzarbeit.
- Du erfährst, wie du weiterhin deine KPIs erreichst und dich strategisch auf alles, was auch kommen mag, vorbereiten kannst.
- Du lernst die besten Leadership Styles kennen und den Erfolg deines Unternehmens zu sichern.

Erinnerst du dich an die Fragen am Anfang?

„Würdest du gerne den Erfolg deines Unternehmens sichern und es weiter voranbringen?"

„Möchtest du wissen, wie du deine Mitarbeiter und Teams gesund und motiviert hältst?"

Wenn du diese Fragen auch mit „ja" beantwortest, ist dieses Buch genau das Richtige für dich. Du erfährst darin, wie du deine Mitarbeiter dank adaptiver Führung leitest, Change Prozesse managest und dein Unternehmen langfristig ausrichtest.

Dr. Marion Bourgeois

Zusatzangebot

Erfolgreiche Führung ... in der neuen Welt. Wie wichtig es ist, fit für die digitale Zukunft zu werden – das ist dir bewusst, genau deshalb hast du dieses Buch gekauft und wirst gleich die ersten wertvollen Ideen und Anregungen für dein Leben als Führungskraft, deine Karriere mitnehmen. Praxisnah geht's auch gleich weiter mit einem hochwertigen Zusatzangebot für dich: wenn du dran bleiben willst, und davon gehe ich aus, kannst du hier einen Zusatzjoker ziehen:

Ein kostenloses Strategiegespräch zu deiner Ausgangslage und wie dir mein bewährter 5-Stufen-Prozess dabei helfen kann, die Führungskraft zu werden, die in dir steckt – lösungsorientiert und charismatisch.

Nutze dazu einfach folgenden QR Code:

https://www.marionbourgeois.de/marion-bourgeois

Ich freue mich auf Dich!
Deine Marion

Einleitung

Das Leben fordert uns. Manchmal mehr, manchmal weniger. Und manchmal verlangt es uns alles ab. Wie mir, als mir 2006 bei der Rückkehr von meiner Arbeit zu Hause meine beiden kleinen Kinder, vier und fünf Jahre alt, entgegengelaufen kamen: „Mama, Mama, der Papa liegt da." Tot. Herzinfarkt. Meine Welt brach zusammen.

Mit 28 promovierte Physikerin, mit 33 zweifache Mutter, mit 39 Witwe. Ich fühlte mich wie in einem tiefen Loch. Alleingelassen, traurig und wütend. Hilflos und voller Angst. Wie geht es weiter? Kann es überhaupt weitergehen? Damals gaben mir die Antwort meine beiden kleinen Söhne, die mich fragend ansahen. Aufgeben war keine Option. Sie waren der Grund, morgens aufzustehen, zu kochen, uns gegenseitig zu trösten, wenn wir verzweifelt waren – und nach vorne zu blicken. Eine entscheidende Frage, mit der ich es damals und seitdem unzählige weitere Mal geschafft habe, mich auf den Weg zu machen, lautet: „Was würdest du tun, wenn du keine Angst hättest?"

Diese Frage hat sehr viel mir Führung zu tun, der eigenen Führung wie der Führung anderer Menschen. Und genau deshalb passt diese, meine Geschichte auch gut an den Anfang dieses Buches. Eines

Ratgebers zum Thema Führung – auch, wenn ihr meint, dass das so gar nichts mit den täglichen Herausforderungen einer Führungskraft zu tun hat. Oh doch, hat es, denn so wie mich damals das Leben aus der Bahn geworfen hat, tut unser Leben das täglich mit Führungskräften UND Mitarbeitern. Beide stehen manchmal vor schier unmenschlichen Herausforderungen. Beide müssen täglich scheinbar unlösbare Probleme lösen. Und das geht eben nur miteinander.

Dass das Leben Veränderung ist, hat nicht nur mir damals mein Leben auf dramatische Weise gezeigt, erleben Menschen auf der ganzen Welt immer wieder. Und finden ihren ganz persönlichen Weg zurück ins Leben. Ich selbst hatte mit 43 die Geschäftsleitung innerhalb eines DAX-Konzerns inne, war Aufsichtsratsmitglied – nur um mich, weil alte Strukturen meinen Weg des Wandels versperrten, ein weiteres Mal komplett neu auszurichten. Mit 49 machte ich mich selbstständig. Als zertifizierter Business-Coach, Mediatorin und Moderatorin bringe ich Menschen in die Selbstverantwortung und Unternehmen zum Kulturwandel.

Beides ist notwendig! Denn Führung, wie wir sie kennen, hat längst ausgedient. Disziplinarische Anweisungen via Hierarchie und Macht, das Abarbeiten von Aufträgen wird abgelöst von einer Führung via Sinn und Leidenschaft. Demzufolge sind auch viele Führungskräfte Auslaufmodelle – zumindest dann, wenn sie es nicht schaffen (oder wollen), ebenfalls neue Wege zu gehen. Wir brauchen Führungskräfte, die in der Lage sind, ebenso klar wie charismatisch zu kommunizieren, wertschätzend zu inspirieren und Menschen mitzunehmen. Dann werden aus Ab-Arbeitern über Mit-Arbeiter schließlich Mit-Denker und ganz aktuell Mit-Gestalter. Und aus Einzelkämpfern werden Teams, die eine transparente Zusammenarbeit zu schätzen wissen und gemeinsam wachsen. Denn ohne kontinuierliche Entwicklung – persönlich wie fachlich – kommt zukünftig keiner mehr aus.

Angstfrei den Kurs ändern – das wünsche ich mir für jeden Menschen, der an einer ganz natürlichen Gabelung im Leben steht oder gar an eine gefährliche Kreuzung katapultiert wurde. Hilfreich hat sich für mich persönlich die Formel $E=WxV^2$ erwiesen: Erfolg ist, wenn Wahrnehmung auf Bereitschaft, sprich gute Vorbereitung und eine Vision trifft. Dann können wir als Führungskräfte – ob es unsere Aufgabe ist, andere Menschen zu begleiten oder es nur darum geht, unser eigenes Leben zu führen – einen guten Job machen.

1. Führung – Was ist das überhaupt?

Führung bedeutet für mich erst einmal, Menschen dazu zu bewegen, etwas zu tun, was man von ihnen möchte. Wenn wir uns fragen, was ist eine Führungskraft, dann sind wir gedanklich wo anders. Eine Führungskraft ist für mich jemand, der das große Ziel einer Firma in kleinere Häppchen übersetzt. Betrachten wir einmal den Lebenslauf eines Unternehmens, ist es ja oft so, dass eine Firma zunächst klein ist und sich im Laufe der Zeit entwickelt. Da gibt es zu Beginn einen Chef, den Eigentümer und Inhaber, der mit einer Bürokraft startet und dann irgendwann die ersten Mitarbeiter einstellt, später werden das dann vielleicht immer mehr und mehr. Das Unternehmen ist erfolgreich, es skaliert. Irgendwann kommt dann der Punkt, an dem der Chef persönlich der vielen Menschen nicht mehr Herr wird.

Was mit einem, zwei oder sogar zehn Mitarbeitern noch machbar war, ist mit 20, 30 oder mehreren 100 nicht mehr möglich. Der Grund ist klar: Jeder benötigt (eine persönliche) Ansprache, jeder braucht (die individuelle) Sichtbarkeit und möchte natürlich auch zumindest ein kleines bisschen (anders) „gehätschelt und gepäppelt" werden. Jeder einzelne Mitarbeiter braucht Zuwendung, Aufmerksamkeit und letztendlich auch Entwicklungsmöglichkeiten. Betrachtet man das aus Sicht einer Führungskraft, dann ist die Zeit und damit die Führungskapazität natürlich begrenzt.

Man sagt, im Schnitt ist eine Führungsspanne zwischen acht und zwölf Mitarbeitern ideal. Dabei kommt es natürlich auch auf die Tätigkeit an. Wenn alle genau das Gleiche machen, dann funktioniert Führung gut und locker auch noch bei 15 bis 20 Leuten. Diese Voraussetzung findet man inzwischen aber nicht mehr in wirklich vielen Bereichen. Normalerweise gibt es in Unternehmen immer mehr hochspezialisierte Positionen. Ist jede einzelne Position ein bisschen anders ist als die andere, sind acht bis zwölf Mitarbeiter das Maximum dessen, worum sich eine Führungskraft kümmern kann – vorausgesetzt, sie soll das auch gut machen.

Das heißt also, wenn die Firma wächst und es werden mehr Mitarbeiter benötigt, weil es dem Unternehmen so gut geht, dann müssen Führungskräfte eingestellt werden, die eigentlich nichts anderes tun als zu vermitteln. Ihre Aufgabe ist tatsächlich die Vermittlung zwischen dem, was die Strategie der Firma ist, was „der Boss möchte", welche Ziele man festlegt oder worauf man sich auch immer einigt, es gemeinsam mit den Mitarbeitern zu erreichen.

Kommen wir noch einmal zurück, was Führung tatsächlich bedeutet, wie man Führung definiert, dann klingt die reine Tätigkeit – in Verbindung mit dem Führer – im Deutschen nach wir vor etwas schräg. Deswegen behelfen wir uns häufig mit dem englischen Wort Management oder auch Leadership. Für mich sind Management und Leadership zwei völlig unterschiedliche Stilrichtungen, die aber beide dazugehören, zu führen. Management ist für mich das Thema: Tu die Dinge richtig, also abarbeiten, umsetzen. Leadership ist für mich: Tu die richtigen Dinge und hilf deinen Leuten, die richtigen Dinge zu finden. Und zu beidem bedarf es starker Führungskräfte.

1.1 WELCHE AUFGABEN HAT FÜHRUNG?

Für mich ist Führung nichts anderes als eine Übersetzungsleistung. Führung hat die Aufgabe, die (Unternehmens-)Strategie und letztendlich den (Unternehmens-)Zweck zu übersetzen. Was tun wir, warum tun wir es – und wie können Mitarbeiter ihren Anteil zum gemeinsamen Erfolg beitragen. Da geht es in jeder Hinsicht also um den Sinn. Wobei ich das englische Wort Purpose in diesem Zusammenhang viel schöner – und aussagekräftiger – finde. Im Sinne von: Den Purpose des Unternehmens hin zu den Mitarbeitern zu übertragen. Und umgekehrt. Führung ist also keine Einbahnstraße, sondern vielmehr ein bilateraler Transfer.

Es gibt eine neue Strömungsrichtung, die ganz klar sagt: Führung ist eigentlich nichts anderes als das Sicherstellen der richtigen Kommunikationsflüsse. Für mich ein sehr spannender Ansatz.

Wenn wir noch einmal auf den Aspekt der Übersetzung zurückkommen, ist es ja nicht nur die Übersetzung von etwas, das Fakt ist, sondern eine Führungskraft ist letztendlich auch der Übersetzer von Interessen, Befindlichkeiten, Nöten ebenso wie von Ideen und Innovationen. Gerade letztere würden sehr gerne von unten nach oben kommen. Denn Mitarbeiter wissen sehr oft, wie man Dinge eigentlich besser machen könnte oder um welche Dinge man sich noch kümmern müsste.

Es gibt allerdings einen Haken in der Führung. Im klassischen Organigramm, in dem immer noch viel zu viele Unternehmen verharren, werden diese Anregungen im wahrsten Sinne des Wortes „von oben herunter“ nur ungern gesehen. Viel zu viele Führungskräfte sitzen nach wie vor in ihrem Elfenbeinturm, umgeben von

Gleichgesinnten – und wenn Ideen dann nicht aus den eigenen Reihen kommen, kann es durchaus sein, dass sie zwar wohlwollend zur Kenntnis genommen werden, aber nichts passiert. Kein Aushängeschild für Führungskräfte – und nicht nur keine Motivation, sondern sogar eine Demotivation der Mitarbeiter.

Dabei braucht Führung zugleich so viel und so wenig. Denn einfach ist sie nicht, aber auch nicht allzu schwierig. Vorausgesetzt man beherrscht – nein, keine Regeln oder Tipps. Vorausgesetzt man besitzt gesunden Menschenverstand – und etwas Gefühl. Und sieht sich als Sprachrohr – in beide Richtungen.

Führungskräfte sollten in der Lage sein, Mitarbeiter gemäß ihren Fähigkeiten und Kompetenzen zu sehen, einzusetzen, zu fordern und zu fördern. Letztendlich vier Dinge, die einen hohen Anspruch haben. Und gerade das letzte Thema Fördern ist etwas, das extrem auf die Motivation von Mitarbeitern einzahlt. Wichtig nur: Jeder braucht etwas anderes! Und deshalb muss eine Führungskraft einen jungen oder neuen Mitarbeiter ganz anders sehen – und behandeln – als einen älteren Mitarbeiter, der vielleicht schon zehn Jahre Berufserfahrung hat.

Leider wird das oft verkannt. Und man sagt: O.k. ich habe jetzt hier mein Team und dann erzähle ich einmal alles und dann weiß jeder Bescheid. Na ja, das ist aber nicht das, was eine gute Führung ausmacht. Denn ich muss letztendlich sehen, macht denn die Person die Dinge richtig, die sie machen soll, und wo gibt es möglicherweise Raum, um die zusätzlichen Kompetenzen, also die Potenziale von Mitarbeitern mit einzusetzen. Dafür muss ich aber erst einmal kucken, wo hat denn jeder einzelne sein Potenzial? Was steckt denn da vielleicht noch drin? Und dafür muss ich erst einmal einen offenen Blick haben und auch Interesse an meinen Mitarbeitern als Menschen. So gesehen hat Führung vielleicht nur eine einzige Aufgabe: Die Neugierde auf Menschen und darauf, wie man mit diesen, jeder auf seine Art, miteinander auf bestmögliche Weise zu einem Ziel kommt, das für alle Sinn macht und Erfolg bringt.

1.2 WARUM BRAUCHT ES ÜBERHAUPT FÜHRUNGSKRÄFTE?

In der Führung gibt es meist nicht nur eine Antwort. So wie es auch nicht nur eine Art der Führung gibt. Eines aber ist klar: Es braucht Führungskräfte. Auch, wenn wir vom typischen Organigramm, einer Top-Down-Struktur, einmal weggehen, wird es immer Führung geben. Und deshalb auch immer Führungskräfte. Die Frage ist nur, wo sich diese im Miteinander finden, welche (bzw. ob überhaupt noch) Macht damit verbunden ist und ob tatsächlich alle Menschen in der Lage oder gewillt sind, manchmal schwierige Entscheidungen zu treffen oder sich selbst (dauerhaft) zu motivieren.

Es gibt einen spannenden Zusammenhang zwischen Performance und Expectation, also zwischen der Leistung eines Mitarbeiters und den Erwartungen, seinen eigenen und den seines Chefs. Habe ich als Führungskraft einen Mitarbeiter, bei dem die Anforderungen, die an ihn gestellt werden, mit der Performance, die er bereit ist zu leisten, übereinstimmen, dann fühlt sich dieser Mensch sicherlich sehr wohl. Mehr oder weniger, weil es ja immer auch Menschen gibt, die etwas mehr Druck, im Sinne von Erwartung brauchen, um das Gefühl zu haben, etwas (mehr) geleistet zu haben. Solange das aber, zumindest zeitlich gesehen im Schnitt zusammenpasst, ist alles gut.

Abbildung: Zusammenhang Leistung/Performance

Vielleicht nehmen wir noch einen weiteren Faktor hinzu, das Thema „Euro“, weil ja sowohl die Leistungen als auch die Erwartungen immer ein Stück weit mit dem „Lohn“ verknüpft sind. Anerkennung, so wichtig diese Wertschätzung aus Sicht des Mitarbeiters auch ist, ist eben nicht Lohn genug, auch wenn sich der fast immer in barer Münze auszahlt.

Aus Sicht des Unternehmens oder einer Führungskraft ist die Sache klar: Je mehr ich bezahle, desto mehr erwarte ich auch von der Person. Das heißt, solange es für alle Seiten passt, die Leistung zur Erwartungshaltung und das alles zu einem marktüblichen Gehalt, ist alles gut.

Machen fähige Mitarbeiter also einfach ihren Job unter dem Motto: „Mehr ist nicht drin und ich will auch gar nicht weiter (nach oben auf der Karriereleiter), aber das, was ich machen soll, das mache ich von neun bis fünf, und es ist doch alles gut, ich mache dabei keine Fehler und ich bin mein Geld wert", dann heißt das auch für die Führungskraft: Haken dran! Spannend dazu das Buch "DRiVE" von Dan Pink, der darin überzeugend darlegt, dass nicht Geld, sondern das zutiefst menschliche Bedürfnis nach Selbstbestimmung das Geheimnis für hohe Leistung und Zufriedenheit ist.

Das führt zu der Frage – was heißt denn eigentlich Leistung? Woran mache ich Performance fest? Und wen in meinem Team sehe ich eigentlich wo?

Zwei einfache und klassische Möglichkeiten, sich dem zu nähern, ist das bekannte Skill-Will-Modell.

Abbildung: Erste Evaluation von Mitarbeitern

Anhand dieses Modelles können wir innerhalb eines Teams alle Mitarbeiter verorten. Ja nachdem wie hoch die Motivation und die Fähigkeit eines Mitarbeiters ist, wo genau er sich also auf den vier Quadranten befindet, braucht dieser auch eine andere Führung. Beginnen wir mit den sogenannten „Sternen" – rechts oben angesiedelt, hoch qualifiziert und hoch motiviert. Das sind Menschen, bei denen macht Führung echten Spaß. Sozusagen meine Lieblingsmitarbeiter. Denen kannst du alles geben, die sagen nie Nein, die kriegen alles gewuppt, die erhalten einen Auftrag und kommen – schneller als man denkt – mit dem Ergebnis wieder. Alles fein. Machen die das automatisch? Im Moment ja. Und genau deshalb vergessen wir sie oft – sie „laufen" ja gut.

Die Frage ist: Was kannst du tun, damit es auch so bleibt? Dazu musst du wissen: Was ist denn das überhaupt, was sie motiviert? Warum machen sie das gerne? Und kann ich denen mehr von dem geben, was sie gerne tun? Kann ich ihnen mehr Möglichkeiten bieten, noch weitere Fähigkeiten aufzubauen? Und wie kann ich sie auch „bei Laune halten"? Also ihnen mitgeben: „Jawohl, ich finde dich toll, du machst einen tollen Job und schau mal, das wäre noch möglich, wenn du willst." Und du kannst davon ausgehen, dass er will. Aber, auf diese Mitarbeiter muss man als Führungskraft auch aufpassen – nicht, weil sie einem den Platz streitig machen könnten, sondern weil eventuell eine Überforderung, ein Burnout nah ist, wenn dieser Mitarbeiter nicht auf sich achtet.

Einer meiner besten Chefs, die ich hatte, war in der Lage, mir zu zeigen: „Wow, Marion, das war dein Ziel, ich wollte von dir 100 Prozent. Ich finde es großartig, dass du sogar 120 erreicht hast, das war wirklich super, wie du das gemacht hast, aber schau mal, das wären 150 gewesen, und das hättest du eigentlich auch noch schaffen können, so gut wie du bist." Ich bin gerannt wie ein Hamster, ohne Ende. Warum? Weil ich ihm natürlich beweisen wollte: „Ja klar, wenn der an mich glaubt und mir sagt, dass ich diese 150 Prozent schaffen kann, dann mache ich mich auf den Weg, dann will ich das auch tun." Der Pygmalion-Effekt! Ob das nun gut oder schlecht ist, möge bitte jeder selber für sich beantworten – damals habe ich mich dabei definitiv gut gefühlt ;-)

Rechts unten im Modell findet Ihr die hochgradig „geskillten“, also die absolut fähigen Mitarbeiter. Aber „fähig“ heißt ja nicht unbedingt, dass der Mitarbeiter die PS auch auf die Straße bringt. Fähig heißt erst einmal nur, dass er es könnte. Die Frage ist: Warum ist die Motivation so niedrig? Und „Wie gehe ich als Führungskraft damit um?“ bzw. auch „Warum ordne ich diesen Mitarbeiter überhaupt dort ein?“ Was sehe ich bei wem? Was traue ich wem zu?

Dann gibt es noch die Motivierten oben links. Da wird Führung schon etwas anspruchsvoller. Nur Motivation sichert keine Leistung – zumindest nicht immer. Genau da ist es die Aufgabe, ja sogar die Pflicht einer Führungskraft, den Mitarbeiter zu entwickeln. Natürlich nur, wenn das auch möglich ist.

Und schließlich zu guter Letzt (im wahrsten Sinne des Wortes) links unten unsere „Fragezeichen“. Auch die gibt es. Und dabei hätte ich als Führungskraft doch am liebsten, dass sich alle meine Mitarbeiter früher oder später rechts oben aufhalten.

Tatsache ist: Habe ich als Führungskraft erst einmal erkannt, dass sich meine Mitarbeiter in unterschiedlichen Quadranten befinden, muss ich sie auch unterschiedlich führen. Meine Sterne, die muss ich einfach empowern, denen kann ich alles delegieren, brauche ihnen nur kurz zu sagen, warum ich etwas brauche, und dann laufen die. Da brauche ich also auch keine Kontrolle in dem Moment, muss nur ansprechbar sein. Eine kleine Führungshürde gibt es aber: Was hier immer wieder mal schiefläuft oder warum es nicht so läuft, wie Führungskräfte es sich vorstellen, ist, dass sie den Sternen zwar sagen, was das Ziel ist, aber nicht, warum das das Ziel ist. Das Problem dabei ist: Ein Ziel zu haben ist schön. Aber in der heutigen Welt sind unsere Dinge so komplex, dass es sein kann, dass dieses Ziel nicht zu erreichen ist. Oder dass man Umwege gehen muss. Um dann immer die richtigen Entscheidungen zu treffen, brauchen die Stars auch eine Info, warum das Ziel erreicht werden soll. Gerade in einem Unternehmen selbst erlebt: Zur besseren Steuerung sollte ein Dashboard erstellt werden. Für einen Stern ein klares Ziel und natürlich überhaupt kein Problem! Aber: Was ist das Ziel dieses Dashboards? Ist das Ziel des Dashboards, den Fortschritt zu messen? Ist das Ziel des Dashboards, die Zielerreichung zu unterstützen, indem Transparenz geschaffen wird? Oder ist das Ziel das Dashboards, am Ende des Jahres einfach nur zu messen, was ich erreicht habe? Dementsprechend sind auch die Menschen im Unternehmen, mit denen ich reden muss, um das richtige Dashboard zu entwickeln, andere. Bei einem linearen Prozess muss ich vielleicht prüfen, wie lang die Durchlaufzeiten sind. Habe ich einen sehr komplexen Prozess habe, schaue ich vielleicht eher: Was passiert an den Schnittstellen und wie kann ich die Messpunkte definieren? Etc. pp.

Wo ich die Sterne also, bei entsprechender Info zum Ziel und warum wir dieses Ziel erreichen wollen, einfach arbeiten lassen kann, muss ich andere Mitarbeiter motivieren oder schulen, intensiver führen oder kontrollieren. Und immer wieder natürlich die notwendige Frage: Sind sie auf dem richtigen Weg? Um evtl. meine Führung sowie entsprechende Maßnahmen für die Mitarbeiter anzupassen.

Alles fängt immer erst einmal damit an, dass ich mir darüber Gedanken mache: Wo sehe ich diesen Menschen? Und die zweite wichtige Frage: Lieber Mitarbeiter, wo siehst du dich?

Wichtig dabei ist es, zu vermitteln: woran mache ich das fest, dass ich Dich Mitarbeiter da sehe, wo Du bist? Wenn es um die Skills geht, welchen Skill habe ich denn beurteilt? Habe ich die Fähigkeit beurteilt, schnell zu laufen? Die Fähigkeit, Excel Reports zu erstellen? Oder die Fähigkeit, mit einer PowerPoint Präsentationen den Vorstand zu überzeugen? Habe ich die Fähigkeit beurteilt, im Team für Zusammenhalt zu sorgen? Was beurteile ich? Also was verbirgt sich hinter dem Begriff „Skill"? Und ganz nebenbei lohnt es sich auch darüber nachzudenken: Sind denn eigentlich die Aufgaben, die ich dieser Person gegeben habe, die Aufgaben, die ihren Fähigkeiten entsprechen? Oder habe ich sie einfach nur an irgendjemanden adressiert?

Kommen wir zum Thema „Will": Warum sehe ich diese Person als nicht motiviert an? Was bedeutet Motivation denn überhaupt für mich? Was sind meine Triggerpunkte, die mir sagen: O.k., dieser Mitarbeiter ist motiviert? Und wenn ich das dann für mich bewertet habe, dann wäre der nächste Schritt, den Mitarbeiter zu fragen: Hey, wo siehst du dich?

In der Praxis bin ich immer wieder erstaunt, wie viele sich da ganz woanders sehen. Ist ja erst einmal interessant. Ich sehe dich hier unten links, und du siehst dich oben rechts. Zugegeben ein extremes Beispiel, aber so etwas kommt gar nicht so selten vor.

Warum siehst du dich da? Welche Erwartungshaltungen stecken dahinter? Wer fordert was von wem? Wer kann oder will etwas (nicht) liefern. Oftmals denkt jeder so vor sich hin, oder schimpft in sich hinein – miteinander kommuniziert wird nicht oder zumindest nicht oft genug und klar ... Und genau da fängt die richtige Führungsarbeit an!

In jedem Unternehmen – und je größer, umso mehr – gibt es immer noch viel zu viele Mitarbeiter, die nicht motiviert und nicht fähig sind. Oder zumindest so wahrgenommen werden! Das äußert sich dann generell darin, dass sie keine Leistung erbringen. In großen Unternehmen kann man sich damit meistens gut „wegducken", gerade wenn es diesen Unternehmen gut geht, sie wirtschaftlich gesund sind. Oberstes Ziel als Führungskraft ist es, hier zu verstehen, was mit dem Mitarbeiter „los ist". Offen und neugierig auf ihn zugehen und nachfragen. Allzu oft habe ich die Erfahrung machen dürfen, dass es sich meist um nicht gut artikulierte Erwartungen der Führungskraft gehandelt hat. Dass meine Fragen: „Hast Du ihm genau das so gesagt, wie Du es mir gerade berichtest?“ beantwortet wurden mir „hmmm, nicht so deutlich.“

Und das ist so so so schade. Da werden Mitarbeiter als Low Performer eingestuft, denen das gar nicht bewusst ist! Die sogar denken, sie würden einen großartigen Job machen.

Versteht mich nicht falsch. Ich sage nicht, dass es keine Mitarbeiter gibt, von denen man sich im Zweifel auch mal trennen muss. Aber bevor ich diesen Schritt gehe, sollte ich als Führungskraft alles mir Mögliche versucht haben, die von mir gewünschte und erwartete Leistung von dem Mitarbeiter zu bekommen! Das ist anstrengend. Das kostet Zeit, oft auch Mut – und auf jeden Fall die Offenheit, dem Mitarbeiter positiv gegenüberzutreten.

Leider gibt es viele Führungskräfte, die eben nicht ihrer Aufgabe nachkommen, zu führen – mit allen Konsequenzen, d.h. die Zufriedenen, bei denen es für alle Seiten passt und stimmig ist, einfach mitzunehmen, die High-Performer zu fördern und die Low-Performer – ja genau, richtig, zu entlassen. Mir fällt dafür nur eine, wenn auch sehr provokante These ein: Diese Führungskräfte braucht es schlichtweg nicht, weil sie zu feige sind, um zu führen!

Da sind Führungskräfte, mit denen ist immer gut Kirschen essen. Sie beziehen selten Stellung, verhalten sich ruhig in der Deckung, lassen alle anderen machen, solange keiner schreit – die Frage ist nur: Wollen wir wirklich solche Führungskräfte in unseren Unternehmen? Wollen Mitarbeiter solche Führungskräfte? An denen man sich nicht auch einmal reiben kann? Die selten zu dem stehen, was sie sagen und tun? Oder wollen wir lieber Führungskräfte, die das Vertrauen genießen – von oben und von unten, weil sie authentisch und souverän sind?

Es gibt einen ebenso bekannten wie aussagefähigen Spruch: A-Manager hire A-Manager, B-Manager hire C-Manager.

Also eine Führungskraft, die sich ihrer selbst bewusst ist, hat keinen Stress mit Mitarbeitern, die wissen was sie wollen. Eine Führungskraft, die vielleicht sagt: „Oje, der könnte mich ja vielleicht überrollen", der weiß damit nicht so richtig umzugehen. Eine Führungskraft, die sich ihrer selbst bewusst ist, kann aber auch mit Mitarbeitern umgehen, die zwar wollen, aber nicht können. Es mag ja durchaus o.k. sein, wenn jemand – wie oben beschrieben – entsprechend unserer und seiner Erwartungen Leistung bringt, aber mit all denjenigen, wie nicht gewillt sind, ihren Teil zur Gesamtleistung beizutragen, mit denen muss geredet werden. Hier verschenken Unternehmen jeden Monat bares Geld. Und auch Führungskräften muss bewusst sein: Ich beschäftige hier Personen, die nichts leisten.

Mitarbeiter, die nichts leisten können – oder noch schlimmer – nichts leisten wollen, sind eine große Gefahr für jedes Team. Denn ganz oft verbreiten genau diese Menschen auch noch schlechte Stimmung. Im Bewusstsein (oder auch nicht) dass sie die schwächsten Glieder in der Kette sind, kann es ganz schnell passieren, dass sie andere anschwärzen, intrigieren, ja sogar Lügen verbreiten, um sich selbst zu schützen. Greift eine Führungskraft da nicht ein, kommt sie einer wesentlichen Funktion nicht nach: Ihre Mitarbeiter, zumindest die für ein Team und das Unternehmen wertvollen Mitarbeiter, gegenüber natürlichen Feinden zu schützen. Und manchmal finden sich diese natürlichen Feinde sogar in den eigenen Reihen. Führungskräfte haben also die Aufgabe aufzupassen, dass das Team nicht toxisch wird. Das gilt natürlich untereinander ebenso wie es zu vermeiden gilt, dass eine toxische Führungskraft ihr Unweisen treibt – aber da sind wir bei einem ganz anderen Thema.

Müssen Führungskräfte also mit allen Mitarbeitern reden? Ja klar, ansonsten bleiben Konflikte nicht aus. Wer versucht, konfliktvolle Gespräche zu vermeiden, züchtet große Konflikte regelrecht heran. Wer es nicht schafft, kleinere Probleme rechtzeitig zu lösen, wird bald mit wachsenden zentralen Problemen zu kämpfen haben.

Vielleicht noch ein weiteres Beispiel dazu: Wenn die Erwartung zu groß ist und die Performance nicht hinkommt, dann sind Mitarbeiter sehr schnell in einem Burnout. Ist umgekehrt die Performance sehr hoch, aber die Erwartung an den Mitarbeiter nicht angemessen, gehen diese leicht in den Boreout. Beides führt erstaunlicherweise zu ganz ähnlichen Symptomen (siehe Abbildung Zusammenhang Leistung/Performance).

Umso wichtiger ist es also, als Führungskraft ganz genau hinzuschauen, ob ein Mitarbeiter nur nicht kann oder nicht will – vor allem aber woher sowohl die Symptome als auch das Verhalten kommen. Was ist da passiert? Es gilt als Führungskraft zu durchleuchten: Wie war die Vergangenheit des Mitarbeiters? Im Unternehmen oder noch davor? Vielleicht gab es Probleme mit einer anderen Führungskraft. Das kann eine Versetzung von einer Abteilung in die andere sein. Ich habe mal erlebt, da war das einfach nur ein falscher Zimmernachbar, mit dem sich der Mitarbeiter nicht verstanden hat.

Das Verhalten von Mitarbeitern kann unglaublich viele Gründe haben, und deswegen fängt in der Führung alles immer damit an, dass ich in ein Gespräch gehe und offen kommuniziere, was ich wahrnehme und wo ich den Mitarbeiter sehe, unabhängig davon, wo er sich selbst sieht. Besser noch – einfach zu fragen: Wo siehst du dich heute und in Zukunft? Wie ist deine Erwartung und welche Leistung bist du bereit zu bringen? Hast du die entsprechenden Fähigkeiten, die du dazu brauchst?

Die wenigsten Mitarbeiter, sofern sie Low-Performer sind, sehen sich als solche. Sie sagen dann vielleicht, ja, also wenn Du schon fragen, so ganz passt es nicht. Und dann ist es Aufgabe einer Führungskraft, zu schauen, gibt es einen Platz für diesen

Mitarbeiter, mit dessen Leistung, dessen Erwartung und dessen Entwicklungsmöglichkeiten (sofern er das überhaupt will) – im Team, im Unternehmen – oder ist es für beide Seiten besser, getrennte Wege zu gehen.

Genau dafür braucht es Führungskräfte! Um manche Mitarbeiter zu Sternen zu machen und andere zu "retten". Und dabei sind Sterne nicht immer unbedingt diejenigen, die eine große Karriere machen oder sich unbedingt weiterentwickeln wollen. Führung bedeutet auch und vor allem, für Menschen ein berufliches Zuhause zu finden, in dem sie das, was sie tun, mit Leidenschaft und Engagement machen, weil sie die Fähigkeiten haben und es können.

1.3 WIE VIEL EMPATHIE UND EMOTIONEN VERTRÄGT FÜHRUNG?

Für mich ist ganz klar: Keine Führungskraft ist eine gute Führungskraft, die mit ihren eigenen Emotionen nicht umgehen kann. Und nicht umgehen heißt in der Regel, dass man sie verleugnet, dass ich selber gar nicht hinschaue: Wie geht es mir denn damit, dass gerade A oder B passiert? Ich wirke aber dennoch – und immer. Dessen muss sich eine Führungskraft bewusst sein. Das heißt, wenn ich mir nicht bewusst bin, dass mich etwas belastet, dann bekommt dennoch jeder mit, dass ich anders wirke, und bezieht das schlimmstenfalls auf sich.

Stellt euch einfach mal folgende Situation vor: Ihr habt ein supergeniales Wochenende mit euren Liebsten verbracht. Mit allen Facetten, ob das jetzt Ruhe und Entspannung ist oder ob das die wunderschöne Skitour war, auf der ihr zwei Tage lang bei feinstem Pulverschnee und Sonnenschein abseits der Piste fahren konntet. Und ihr kommt zurück ins Büro. Montagmorgen sitzt ihr um halb neun an eurem Schreibtisch, bester Laune, guter Dinge – und dann geht euer Chef an euch vorbei in sein Büro, ohne zu grüßen. Wenn ihr so eine coole Zeit hattet, dann denkt ihr: Ach Mensch, der Arme hat wohl schlecht geschlafen oder hatte ein schlechtes Wochenende. Vielleicht schenkt ihr zwei Tassen Kaffee ein, geht zu ihm rein und sagt: Hey, Morgen Chef, alles klar? Und alles ist gut, euch tangiert sein unschönes Verhalten zuvor einfach nicht.

In dem Augenblick aber, wo ihr ein schlechtes Wochenende hattet, Stress mit eurem Partner, die Eltern kurzfristig krank oder sogar pflegebedürftig, die Kinder, die nur herumtoben und motzen und ihr konntet nicht schlafen ... Ihr sitzt am Montagmorgen völlig ausgelaugt im Büro und würdet euch wünschen, dass jetzt eigentlich gerade das Wochenende erst anfängt. Und euer Chef geht hinter euch vorbei, ohne euch zu grüßen, und schließt die Tür zu seinem Büro. Was denkt ihr? Oh mein Gott, was habe ich falsch gemacht? Was ist los, was ist passiert? Warum ist der so komisch? Warum hat der mich nicht gegrüßt, mag der mich nicht mehr? Habe ich irgendeinen Fehler gemacht?

Das Verhalten des Chefs ist genau das gleiche: Er geht hinter euch vorbei – ohne zu grüßen – in sein Büro und schließt die Tür. Eure Bewertung ist jedoch – nur aufgrund eurer eigenen Emotionen – eine völlig andere.

Deswegen heißt es für mich: Eine gute Führungskraft muss lernen, mit eigenen Emotionen umzugehen. Und der erste Schritt, um das zu lernen, heißt erst mal: wahrnehmen. Da sind wir im Bereich der Achtsamkeit. Einfach festzustellen: „Ups, da ist was! Stopp, was ist da?“ Gutes Gefühl, schlechtes Gefühl? Wahrnehmen, ohne zu werten. Was denke ich denn da gerade? Was denke ich gerade über mich? Was denke ich über den Chef, der da gerade vorbeigegangen ist? Und was davon ist Fakt und was davon ist eigentlich nur Halluzination, meine Interpretation? Was fühle ich gerade, was löst das aus? Sind das positive Gefühle wie Freude, Spaß, Energie? Oder sind das eher Wut, Ärger, Trauer, Frustration? Was macht das bei mir im Körper?

Schnürt sich mir die Kehle zu? Habe ich einen Kloß im Hals? Legt sich etwas schwer auf meinen Magen? Platzt mir der Kragen? Oder explodiert gefühlt mein Kopf? Kriege ich auf einmal ein Kribbeln in den Füßen? Fühle ich eine Enge, fühle ich nichts? Wie atme ich? Also einfach wahrnehmen, ohne zu bewerten, und dann sagen: Das ist o.k.! Ich fühle mich jetzt gerade verletzt. Ich finde das unmöglich, dass er, ohne mich zu begrüßen, in sein Büro gegangen ist. Ah, es ärgert mich. Es darf so sein. Und letztendlich gibt mir die Wahrnehmung auch die Möglichkeit, das Thema anschließend – zumindest innerlich für mich selbst – neu auszurichten.

Welche Macht gebe ich meinem Chef? Wenn sich meine Stimmung alleine nur dadurch verändert, dass er hinter mir vorbei und ohne zu grüßen in sein Büro geht? Will ich ihm diese Macht geben? Wobei wir auch schon beim großen Thema der Achtsamkeit sind. Und dieses Thema ist in der Führung extrem wichtig – für alle Beteiligten.

Achtsamkeit kann man trainieren, aber man muss sie auch trainieren. Wie ein Muskel, der gerade am Anfang eine gewisse Stimulation braucht, um zu funktionieren bzw. ein regelmäßiges Training, um stärker zu werden. Für mich prägend und in diesem Zusammenhang immer wieder sehr spannend ist das Prinzip „The Work" von Byron Katie. Selbst über Jahrzehnte hinweg durch eine Depression ans Bett gefesselt, hatte sie eines Tages eine alles verändernde Erkenntnis: „Die Ursache für ihre Depression war nicht die Welt um sie herum, sondern ihre Überzeugungen über die Welt um sie herum. [...] Anstatt den hoffnungslosen Versuch zu starten, die Welt so verändern zu wollen, wie sie unseren Gedanken gemäß sein ‚sollte', können wir diese Gedanken hinterfragen, und indem wir der Wirklichkeit so begegnen, wie sie ist, erfahren wir unvorstellbare Freiheit und Freude.“ (https://thework.com/sites/de/)

In der Regel entstehen Emotionen also dadurch, dass die Realität nicht mit meinem Idealbild der Welt übereinstimmt. Also wenn mein Chef am Montagmorgen hinter mir durchs Büro geht, könnte er doch zumindest „Guten Morgen“ sagen und mich vielleicht sogar fragen, wie mein Wochenende war.

Vielleicht gibt es aber auch den geneigten Mitarbeiter (und Leser), der sagt: Gott sei Dank spricht der mich nicht an und lässt mich in Ruhe arbeiten. Aber der eine oder andere sagt vielleicht: Na ja, aber morgens früh um halb neun, da bin ich noch nicht in Meetings, die fangen bei uns um 9:00 Uhr an und um halb neun möchte ich doch zumindest gegrüßt werden und einen kurzen Smalltalk halten, wenn wir schon die Einzigen sind, die im Büro sind, ist doch eigentlich eine nette Gelegenheit.

Ist erst mal nur mein Wunschbild, mein Idealbild. Letztendlich macht Byron Katie in ihrem Konzept nichts anderes, als jeden Gedanken auf Stimmigkeit und Nützlichkeit zu überprüfen. Also was macht der Gedanke mit mir? Macht er, dass es mir gut geht? Wunderbar, alles fein. Macht er, dass es mir schlecht geht, weil es mich sauer macht? O.k. Ist er nützlich dadurch? Nein, ist er nicht, denn er bringt mich ja in einen schlechten Zustand.

Kurzum: Emotionen sind wichtig – sofern ich die Emotionen erst einmal wahrnehme, natürlich meine eigenen, damit ich weiß: Aus welchem Zustand (“State”) heraus agiere ich denn? Und wenn ich das sehe und mit mir selber schon so sorgsam umgehen kann, dann schaffe ich es auch, mit anderen sorgsam umzugehen und für sie auch die Führungskraft zu sein, die ich mir dann selber in meinem Idealbild gerne wünschen würde.

1.4 FÜHRUNGSSTILE GESTERN UND HEUTE

Zum Thema Führungsstile könnten wie jetzt natürlich die letzten hundert Jahre Vergangenheit einmal aufrollen, aber das soll ja hier kein theoretisches Buch sein. Von daher möchte ich das Thema lieber aus der Sicht des hierarchischen Verhaltens (zu dem Thema kommen wir auch im Kapitel 4 noch einmal zu sprechen) und damit letztendlich auch mit Blick auf die Entscheidungsfindung und Entscheidungslogik betrachten. Zwischen den beiden Extremen des Autokratischen: „Ich sage, wo es langgeht!“ bis hin zum Demokratischen: „Ihr entscheidet gemeinsam, wo es langgeht!“ gibt es eine unendliche Vielfalt an Möglichkeiten.

Abbildung: Entscheidungsstile

Und leider oder zum Glück für uns Menschen als unterschiedliche Charaktere, gibt es nicht DIE einzige richtige Antwort auf alles. Also gibt es auch nicht DEN einzig wahren Führungsstil.

Ich nutze hier gerne das Beispiel von einer Feuerwehrmannschaft. Wenn es da rausgeht auf einen Einsatz, es ertönt also der Alarm, weil in der Zentrale ein Anruf reinkommt, dass es brennt … Dann bringt es wenig, wenn erst einmal 25 Leute durcheinanderrufen und ausdiskutieren, welchen Weg man am besten nimmt, wer am besten in welches Auto steigt und mit wie vielen Autos man wohl am besten jetzt losfährt. Da ist es gut, wenn einer sagt: „Hier geht es lang!“ Wenn einer das Kommando gibt und letztendlich alle wie Zahnräder ineinandergreifen, „funktionieren" und das Feuer schnellstmöglich beheben.

Wenn es danach aber – gleiche Mannschaft, gleiche Leute – darum geht, zu sagen: „O.k., wie können wir denn beim nächsten Mal besser werden?" Wenn dann nur der Feuerwehrhauptmann, der eben noch gesagt hat: „Hier geht es lang", entscheiden würde, wir machen beim nächsten Mal das, das und das anders, ist das mit Sicherheit schon gut, weil er ja die entsprechende Erfahrung und das Geschehen beobachtet hat. Ist es ein guter Feuerwehrhauptmann ist damit sicherlich auch schon viel gewonnen. Aber wenn ich die Mitarbeiter, also die Feuerwehrmänner, die es ja ebenfalls erlebt und die ihre eigene Wahrnehmung vom Ablauf haben, frage, sie mit ihren Ideen an Bord hole und nutze, um gemeinsam den Prozess zu verbessern, kommt auf jeden Fall etwas Besseres heraus.

Das heißt also, gleiche Leute, allein eine andere Situation, erfordert einen völlig anderen Führungsstil. Und das ist leider etwas, was in den letzten Jahren für mich auch falsch gelehrt wurde. Da hieß es oft: „Nein, autokratisch ist nicht mehr zeitgemäß. Wir sind jetzt alle partnerschaftlich unterwegs. Wir besprechen alles mit jedem. Wir entscheiden gemeinsam und demokratisch." Für mich ist das gefährlich, denn es muss einfach situativ und situationsbezogen sein. Kommen wir noch einmal zurück zur Feuerwehr: Eine eingespielte Mannschaft wird ein Feuerwehrhauptmann anders führen, als wenn er zwei neue Feuerwehrmänner im Team hat, die in dieser Konstellation beim Einsatz noch nicht so schnell und gut wissen, wie sie zu agieren haben.

Eine generelle Führung gibt es nicht! Führung ist immer der Situation geschuldet, in der gerade geführt wird. Ich bezeichne das gerne als adaptive Führung, also situations- oder kontextbezogener Führung. Und noch lieber rede ich vom Werkzeugkasten. Eine gute Führungskraft muss einen Werkzeugkasten haben. Und da gehören alle, oder möglichst viele Führungsstile hinein. Wichtig noch zu wissen: Es gibt fließende Übergänge. Hat eine Führungskraft den Überblick, welchen Führungsstil sie in welcher Situation am besten zieht, umso besser. Und wer wann wie am besten eine Entscheidung trifft. Aber all das lässt sich lernen, und die Erfahrung tut dann natürlich ihr Übriges dazu, dass eine Führungskraft besser und besser wird.

Ein Beispiel dazu: Nichts ist demotivierender, als wenn ich ein ganzes Team vor mir sitzen habe, zwei Stunden über etwas diskutiere und am Ende sagt dann die Führungskraft: „Na ja, soweit so gut und schön, dass wir diskutiert haben, aber die Geschäftsführung hat längst entschieden, dass wir da lang gehen.

Nichts ist demotivierender!

Gleiche Situation: Die Führungskraft sagt der Mannschaft – allerdings gleich zu Beginn: „Passt auf. Das ist die Entscheidung, autokratisch getroffen. Und jetzt lasst uns überlegen, wie wir am besten damit umgehen können und wie wir das ideal für uns und die Firma umsetzen." Als Führungskraft hast du so zumindest eine Chance, alle Mann an Bord zu bekommen.

Vielleicht gibt es den einen oder anderen Nörgler, der sagt: „Warum ist die Entscheidung so getroffen worden? Und das, ohne uns zu fragen." Bestenfalls kannst du die Entscheidung begründen. Und du sagst nicht nur: „Ja, die da oben haben es nicht besser gewusst." Sondern du hast deine Gründe auch parat, warum es so ist. Und du stehst hinter dieser Entscheidung und diskutierst dann genauso leidenschaftlich darüber. Ja, was machen wir denn jetzt damit? Und alles ist gut.

Das Thema „Führung und Entscheidungen" – und damit auch das Thema „Führungsstile" hat sich in den letzten Jahrhunderten und Jahrzehnten, ja sogar in den letzten Jahren deutlich verändert. Warum hat Napoleon in seinen Schlachten die Entscheidungen meistens alleine gefällt? Weil alle Informationen zu ihm kamen. Er und sicherlich auch der eine oder andere Politiker in einer machtvollen Position, war eben das alleinige und absolute Zentrum der Informationskette. In unserer digitalen Welt sind alle Informationen für jeden überall verfügbar.

Wenn man will!

Und damit können auch Menschen Entscheidungen treffen, die sie vielleicht gar nicht treffen wollen. Viele Mitarbeiter sind ja froh darüber, dass es Führungskräfte, dass es einen Chef gibt, der ihnen Entscheidungen abnimmt. Soll ein Auftrag angenommen, ein Mitarbeiter entlassen, ein Werk gebaut, eine neue Maschine gekauft werden. Das ist ja auch immer verbunden mit Geld, mit viel Geld, und mit Emotionen, nicht immer nur positiven. Und seien wir einmal ehrlich: Wenn andere entscheiden, kann man hinterher doch immer noch schimpfen oder etwas in Frage stellen. Hat man die Entscheidung selbst getroffen, ist das um einiges schwieriger.

Wenn Mitarbeiter diese Entscheidungen nicht treffen wollen, so gibt es umgekehrt auch Führungskräfte, die sich nicht in alles hineinreden lassen wollen. Und das ist – je nach Situation, wie wir gerade festgestellt haben – auch gut so. Eines sollte allerdings in der Führung nicht mehr passieren: Dass sich viele immer noch über das Wissen um Dinge, das Wissen um Zusammenhänge, das Besitzen von Informationen definieren. Ich weiß, also bin ich, sollte kein Führungsstil der Gegenwart mehr sein – und hat auch zukünftig keine Daseinsberechtigung mehr. Auch wenn das lange Zeit DAS Führungsgold war, weil das Einzige war, was Führungskräfte von anderen unterschieden hat.

Jetzt sind die Informationen allseits gestreut, aber dafür leben wir in einer Welt, die in ganz vielen Fällen so komplex ist, dass ein Einzelner das Alles gar nicht mehr beherrschen kann. Das heißt, ja, wir haben viele Informationen. Aber es gehören manchmal auch viele Menschen an den Tisch, um diese Informationen zusammenzubringen und daraus dann bestmöglich eine Entscheidung zu treffen. Und damit sind ganz viele Führungskräfte heutzutage überfordert.

Zum Abschluss noch einmal ein Gedanke zum Thema Hierarchien. Die klassischen Führungsstile gibt es natürlich immer noch ebenso wie es die klassische Hierarchie von oben nach unten gibt. Zumindest als ordnendes Strukturelement. Und ein Stück weit auch, um Menschen eine Heimat zu geben. Wir Menschen wollen irgendwo dazugehören. Als Wirbeltiere brauchen wir eine Herde, um dann zu wissen, das ist meine Abteilung XY, das ist mein Team Z. Das kreiert im besten Fall auch eine Form von Zugehörigkeit und Zusammenhalt, von Sicherheit und Motivation. Weil wir wissen, wofür wir uns anstrengen und dass die Herde und der Leitwolf uns im Ernstfall beschützen.

1.5 ALTERNATIVE FÜHRUNGSTECHNIKEN

Ja, es mag sie geben, Unternehmen, in denen Führung komplett wegfällt. Firmen, in denen jeder seine Aufgabe hat und dieser auch nachgeht, aber sich auch jeder selbst organisiert. Es gibt Teams, die so selbstorganisiert sind, dass es keinen Chef im herkömmlichen Sinne mehr gibt. Alle sind gleichgestellt. Und doch findet auch da noch Führung statt. Anders halt. Vielleicht nur noch in einer minimalen Ausführung. Vielleicht nur punktuell. Und vielleicht auch so, dass gar keiner mehr merkt, dass er mal der Führer und mal der Geführte ist.

An die Stelle von klassischen Führungskräften treten immer öfter agile Coaches, die bei der Kommunikation agiler Methoden und Techniken helfen. Solche alternative Führungstechniken braucht es, wenn klassische Strukturen in Unternehmen immer mehr aufgebrochen werden. Aus Abteilungen werden Squads, in denen der Product Owner aber nicht mehr der disziplinarische Vorgesetzte der beteiligten Mitarbeiter ist. Mehrere Squads bilden ein Tribe. Und im Chapter sind Mitarbeiter einer Funktion zusammengefasst. Steuerung wird weniger, nicht jedoch die Regeln, auch wenn das agilen Organisationen oft unterstellt wird.

Und statt der Führungskraft kümmert sich dann halt der Chapter Lead, mehr oder weniger ein fachlicher Leiter, um die einzelnen Mitarbeiter, dass es ihnen gut geht, wie sie sich entwickeln, welche Fähigkeiten sie brauchen, et cetera pp. Unabhängig von all den neuen und diversen agilen Ausprägungen, die Unternehmen verfolgen, gibt es was Struktur und Führung anbelangt, unterschiedliche Bezeichnungen und unterschiedliche Formen, innerhalb derer sich Mitarbeiter dann ein Stück weit selbst organisieren. Aber letztendlich muss es auch dort von irgendwo her eine Strategie geben, die da sagt: Das wollen wir. Da wollen wir hin. Und ich kenne derzeit auch kein Unternehmen, das so etwas nicht hat.

Bei allen Fragen nach (alternativen) Führungstechniken, möchte ich noch einmal auf einen zentralen Punkt zurückkommen: Der Frage danach, was letztendlich Motivation erzeugt. Auch wenn Unternehmen wie Google alles tun, um das Thema Agilität zu perfektionieren und Menschen das Gefühl zu geben, sie könnten tun, was sie wollen. Wozu braucht es also noch Führungskräfte? Unabhängig davon, ob wir geführt werden (wollen) oder nicht, gibt es einen entscheidenden Punkt, was uns Menschen motiviert: Purpose. Also erst einmal die Antwort auf die Frage: „Ergibt das einen Sinn, was ich hier tue?"

Die meisten Menschen wollen etwas Sinnhaftes tun. Sie wollen gut in dem sein, was sie tun. Und die wollen das, was sie tun, dann bitte – zumindest ein Stück weit – so tun, wie sie es wollen. Ihnen vorzuschreiben, von wann bis wann sie irgendwo zu sitzen haben und wie sie dabei den Bleistift halten sollen, damit erzeugst du keine Motivation.

Da sind wir an einem Punkt, an dem es um Selbstverwirklichung geht- und die eigene Entwicklung. Wo möchte ich eigentlich hin. Letztendlich ist das aber alles erst dann gegeben – also die Frage nach Selbstverwirklichung –, wenn meine Grundbedürfnisse erfüllt sind, wenn die Sicherheit gegeben ist. Und wenn ich ein Zugehörigkeitsgefühl habe ...

Das heißt, wir tun gut daran, dieses Zugehörigkeitsgefühl zu vermitteln und zu erzeugen. Und diesen, ich nenne es jetzt mal „Heimathafen", in irgendeiner Form zu erschaffen. Und das ist durchaus die Aufgabe, ja sogar eine der wichtigsten Aufgaben von Führungskräften.

1.6 AGIL ODER DOCH LIEBER NICHT

Agilität ist **nicht** die Antwort auf alles! Das wissen auch Führungskräfte inzwischen. Und doch stehen sie nach wie vor oft vor der Frage, wie organisieren wir Teams, wie gestalten wir Projekte und Prozesse – agil oder doch lieber nicht? Hilfreich, um mit dieser Frage umzugehen ist das sogenannte Cynefin-Framework, bereits 1999 vom walisischen Forscher auf dem Gebiet des Wissensmanagements Dave Snowden entwickelt und im Jahr 2002 zum allgemeinen Strategie-Modell geworden. Es beschreibt vier unterschiedliche Systeme bzw. Strukturen, in denen wir leben. Das gilt heute natürlich genauso, und Führungskräfte können einiges davon lernen.

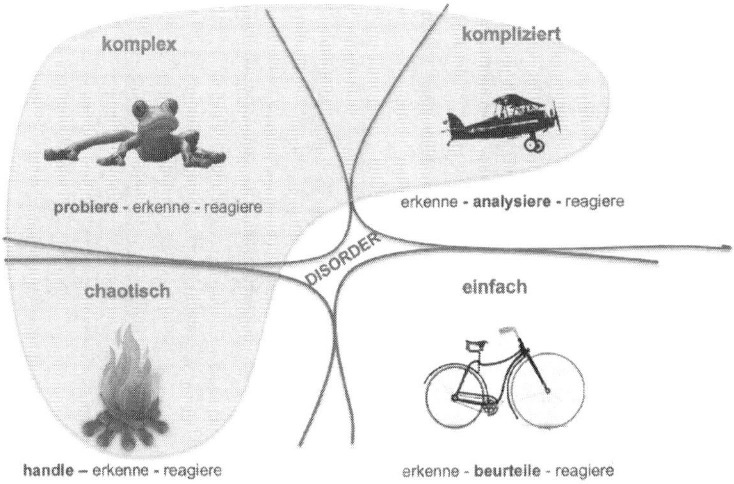

Abbildung: Cynefin-Modell nachempfunden

Der stetige Wandel begleitet uns. Zum Glück gibt es aber nach wie vor Strukturen, die uns in diesem Change zumindest ein Stück weit Sicherheit vermitteln: die sogenannten **einfachen Strukturen**, in denen es klare Ursache-Wirkungs-Zusammenhänge gibt. Wenn ich einen Stift in der Hand halte und die Hand öffne, dann wird der Stift zu Boden fallen. Und jedes Mal, wenn ich wieder irgendetwas in die Hand nehme und meine Hand öffne, wird auch dieser Gegenstand zu Boden fallen. Warum? Das ist Physik. Das Gravitationsgesetz besagt, dass Dinge vom Erdkern angezogen werden. Wir haben also eine klare Ursache-Wirkung: Ich öffne meine Hand, übe damit keine Kraft mehr auf den Stift aus - und egal was ich in der Hand halte, es fällt zu Boden. Das Schöne daran ist: Wir können vorausschauend denken, weil wir wissen, auf A folgt B.

In diesen einfachen geordneten Systemen, beispielsweise in der Fließbandarbeit oder im Controlling, in denen es darum geht, Funktionalitäten zu berücksichtigen und Zahlen zu entwickeln, ist es somit sehr gut, einmalig das Problem bis zum Ende zu denken und diese sogenannten Best-Practice-Erfahrungen zu teilen. Es reicht sozusagen, für jedes Problem einmal eine richtige Lösung zu erarbeiten. Umso mehr macht es allerdings Sinn, mit ganz viel Sorgfalt eine wohlüberlegte und gute Auswahl zu treffen, um letztendlich das Richtige zu tun und die beste Vorgehensweise herauszufinden. Denn wenn ich sie einmal gefunden habe, kann ich sie beliebig oft reproduzieren. Wir bewegen uns in Systemen, in denen Best-Practice-Ansätze extrem hilfreich und valide sind und unbedingt auch eingesetzt werden sollten.

Neben einfachen geordneten Strukturen gibt es deutlich **komplizierterere geordnete Systeme**, die sich üblicherweise auseinander und wieder zusammenbauen lassen. Nehmen wir beispielsweise ein Auto. Verliert dieses offensichtlich Öl, es ist also zumindest ein dunkler Fleck darunter zu sehen, und wir würden das gleiche Auto in fünf verschiedene Werkstätten bringen, kann es passieren, dass wir fünf komplett unterschiedliche Rechnungen bekommen, weil jede Werkstatt völlig andere Arbeiten verrichtet hat. Der Eine wird vielleicht nur das Öl auffüllen, der Zweite vielleicht nach der Dichtung gucken, der Dritte wechselt vielleicht das ganze System aus und der Vierte sagt: „In dem Zustand ist das Auto Schrott. Es gibt nur zwei Möglichkeiten: verkaufen oder den Motor auswechseln.“ Und der Fünfte merkt vielleicht, dass der besagte Ölfleck gar nicht von diesem Auto stammt oder es vielleicht eine ganze andere Flüssigkeit war.

Was heißt das nun für uns Menschen in der digitalen Welt? Bei diesen komplizierten Systemen habe ich zwar immer noch klare Ursache-Wirkungs-Zusammenhänge, aufgrund der teilweise bereits bestehenden Komplexität muss ich aber Experten heranziehen. Auf die Wirtschaft übertragen, schauen wir ebenfalls erst einmal selbst, was passiert und holen dann Experten dazu, um einen Prozess zu verbessern, um ein Controlling System einzuführen, um eine neue Software zu integrieren, um …

Bestenfalls kommen alle immer zu der gleichen Lösung, schlimmstenfalls haben wir am Ende abweichende Lösungen, es gibt aber immerhin mehrere Good-Practice-Ansätze.

Einen weiteren Bereich bilden die **komplexen Systeme**: Da folgt zwar auch auf A logischerweise B, aber die Strukturen sind so verschachtelt und teilweise so unbekannt, dass wir die Ursache-Wirkungs-Zusammenhänge nur in der Rückschau erklären können – sie sind aber nicht vorhersagbar. Beispiele dafür sind die Entwicklung von Medizin oder das Wetter, das uns gerade aufgrund der extremen Entwicklungen in der heutigen Zeit vor Rätsel stellt. Warum gibt es einen Sandsturm hier, warum entsteht ein Wirbelsturm da? Wann gibt es einen Tsunami, warum genau da und wo löst er sich wieder auf bzw. warum ausgerechnet dort? Natürlich lassen sich solche Vorgänge im Labor in kleinen Versuchsanordnungen nachstellen und wir können auch daraus lernen – was tatsächlich beim nächsten Mal in der Realität passiert, ist allerdings auch danach nicht vorhersehbar. Wir können rückblickend erklären, warum sich ein Tsunami aufgebaut hat, aber wir können nicht voraussagen, dass es am Tag X an Ort Y zu einem Tsunami kommen wird. Weil die Menge der Einflussfaktoren zu groß und zu unbekannt ist.

Und dann gibt es die **chaotischen Systeme**, zum Beispiel das Finanzsystem oder auch die Weltpolitik. Hier gibt es so unendlich viele Einflussfaktoren, die die weitere Entwicklung bestimmen, dass wir keinen Einfluss mehr darauf haben. Bei diesen Systemen gibt es keine klaren Ursache-Wirkungs-Zusammenhänge. Es gibt eine Vielzahl von Ursachen, eine Vielzahl an Kräften, die irgendwo wirken – aber das Ergebnis kann keiner voraussagen. Letztendlich führt es dazu, dass auch wir uns in dieser Welt ganz anders bewegen müssen. Schritt für Schritt ... und nach jedem kleinen Schritt müssen wir schauen, was passiert.

Komplex und chaotisch – das ist letztendlich das Umfeld, in dem die ganzen agilen Techniken extrem werthaltig sind, in dem wir mit z. Bsp. mit Scrum wunderbar agieren können.

Hingegen ist der Misserfolg schon vorgezeichnet, will man auf diese Systeme mit einem Best-Practice-Ansatz antworten. Dann habe ich einen Plan, der auf etwas reagiert, was ich gar nicht abschätzen kann – und was letztendlich schon im dritten Schritt so fürchterlich falsch sein kann. Ohne das Bewusstsein, dass etwas falsch laufen könnte, schaue ich aber schlimmstenfalls nicht einmal darauf, um das, was passieren könnte, vielleicht tatsächlich noch händeln zu können.

Nehmen wir beispielsweise Change-Prozesse als hochgradig chaotische Systeme. Ich weiß nicht, ob und wenn ja wann welcher Mitarbeiter mitzieht oder im Gegenteil ein Burnout bekommt und ausfällt. Das hängt nicht nur davon ab, wie hoch der Druck im Unternehmen ist oder wie fest eine Führungskraft die Daumenschrauben anzieht, sondern vielleicht auch davon, was im privaten Umfeld ist – oder es geht gerade ein Virus um, der ihn dann noch zusätzlich lahmlegt. Das sind alles Dinge, die nicht vorhersehbar sind. Wir müssen sie anders (er)klären und vor allem anders angehen. Vor allem brauchen wir dazu aber ein breites Toolset, um nach einem prüfenden Blick, zunächst zu entscheiden, welche Schritte wann nötig sind und dann natürlich die richtigen Methoden anzuwenden.

Bilden diese vier Systeme oder Strukturen die Basis, kommt jetzt der entscheidende Schritt: Als Führungskraft musst du überlegen, in welchem Feld befindet sich die Aufgabe, die du gerade zu bewältigen hast. Häufig nehmen wir uns nicht die Zeit dazu und agieren dann mit unserem Autopiloten. Haben wir einen Autopiloten, der sagt „ich brauche Prozesse“, dann suchen wir immer in der Prozessebene nach der Lösung für ein Problem. Sind wir jemand, der eher auf der komplexen Ebene unterwegs ist, gehen wir

Aufgaben und Probleme auch so an: „O.k., dann probiere ich mal und schaue einfach, was passiert..."

Die Herausforderung lautet also, herauszufinden,
A) was ist mein Autopilot?
B) in welcher Struktur ist das aktuelle Problem zu Hause? Gibt es einen klaren Ursache-Wirkungs-Zusammenhang? Oder ist das System eher komplex?

Machen wir uns dies vorher klar, werden wir als Führungskraft auch wissen, wer ist der geeignete Mitarbeiter, um dieses Thema nun zu klären? Setze ich einen klaren Prozess auf oder nähere ich mich sukzessive der richtigen Antwort.

Dann springt eben nicht nur dein Autopilot an, sondern du steuerst eine Vorgehensweise an, die der jeweiligen Situation am besten entspricht.

2. Führung in unsicheren Zeiten

Schauen wir uns momentan um, sehen wir überall ein ähnliches Bild: Unternehmen in der Krise. Menschen in der Unsicherheit. So wie die Gesellschaft nicht mehr die gleiche ist wie noch vor zwei Jahren vor COVID, so sind es auch Mitarbeiter und Führungskräfte nicht mehr. Viel zu viel ist passiert, was wir nicht für möglich gehalten hätten.

Die Zeiten sind aber nun einmal so, wie sie sind. Ob wir uns aufregen, uns wehren oder nur wundern – wir können nur bedingt Einfluss darauf nehmen. Manche Dinge werden uns vorgegeben, manche müssen wir hinnehmen – andere können wir gestalten. Und manche Hürden machen wir uns auch nur selbst in unserem Kopf. Das ist auch bei der Führung so! Denn Führung war noch nie leicht, schließlich hat sie mit Menschen (und nicht mit Maschinen) zu tun. Und unabhängig davon, ob die Zeiten nun generell als unsicher – oder vielmehr unvorhersehbar – gelten, oder nicht – Unsicherheiten gab es schon immer und wird es immer geben. Ob auf Seiten des Geführten oder des Führenden.

Aber ja, ich stimme an dieser Stelle durchaus zu: Gerade im letzten

Jahr gab es mehr verunsicherte Manager, mehr verunsicherte Führungskräfte und mehr verunsicherte Mitarbeiter denn je. Und das erlebte und erlebe ich gerade auch genauso in meiner Coaching-Praxis. Betrachten wir die bekannte Maslowsche Bedürfnispyramide, ging es früher im Coaching meist um die Stufen vier und fünf, die individuellen Bedürfnisse und die Selbstverwirklichung. Also letztendlich darum, wie kann ich mich selber entwickeln, wie komme ich in das Bewusstsein für mich selber, bekomme die Bestätigung, die ich brauche, und kann mich selbst mit dem, was mich treibt, was mir wichtig ist, verwirklichen.

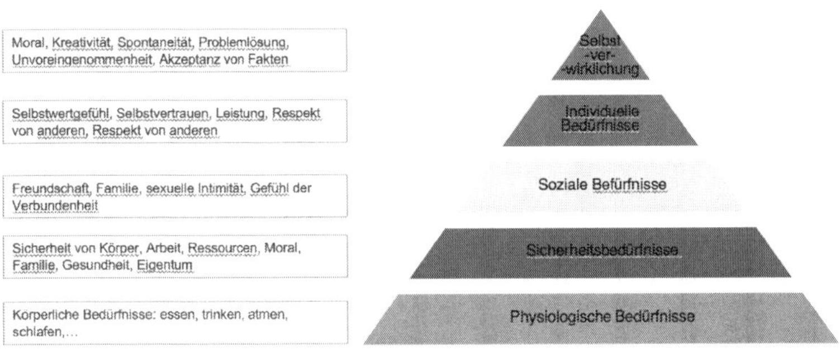

Abbildung: Maslowsche Bedürfnispyramide

Wenn ich jetzt ins Coaching komme, stelle ich fest, dass es Mitarbeiter gibt, die so verunsichert sind und auch Führungskräfte, die so verunsichert sind, dass sie fast wieder an der ersten Ebene hängen bleiben, was ja letztendlich Essen, Schlafen, Trinken, Atmen ist. Und dabei kenne ich niemanden, der ins Coaching kommt und der das in der Wirklichkeit nicht hat. Dennoch sind da irrationale Ängste, dass selbst das schon oder bald nicht mehr gegeben ist. Geschweige denn die zweite Ebene, wo dann ganz viele sind, nämlich das Thema Sicherheit. Auf einmal ist kein Job mehr sicher. Auf einmal ist die Zukunft nicht mehr sicher. Auf einmal ist nichts mehr prognostizierbar und das macht natürlich Angst.

Das kennen wir alle: Wenn ich etwas loslassen muss von dem, was ich weiß, wie ich es kenne – dann sind die meisten von uns so getaktet, dass es uns Angst macht. Weil wir uns a) auf etwas Neues einstellen müssen und b) wir nicht wissen, was das Neue überhaupt ist. Und auch wenn es Führungskräften in den letzten Monaten ähnlich ergangen ist, müssen sie doch ihrer Führungsrolle gerecht werden. Gerade in unsicheren Zeiten brauchen Mitarbeiter das Gefühl, da steht jemand neben mir, das stellt sich jemand vor mich oder hinter mich und steht zu mir, egal aus welcher Richtung der Sturm auch kommt.

2.1 WIE FÜHRUNGSKRÄFTE EINEN KLAREN KOPF BEWAHREN

Im Flugzeug heißt es immer so schön: "In case of emergency and decrease of cabin pressure automatically mask will fall out. Please take the mask for yourself and then help others." Das lässt sich eins zu eins auf Führungssituationen übertragen: Wenn du dich – als Führungskraft – nicht um dich selber gekümmert hast oder gut kümmerst, dann kannst du auch anderen nicht helfen. Wenn wir uns selber als Führungskraft nicht sicher fühlen, wie wollen wir anderen das Gefühl von Sicherheit vermitteln?

Und wenn es doch so ist, dass wir uns als Führungskraft aufgrund unsicherer Zeiten nicht sicher fühlen, dann vermitteln wir immer noch ein höheres Gefühl von Sicherheit, wenn wir diese Unsicherheit auch einmal zugeben: „Hey, Leute, ich fühle mich derzeit auch nicht sicher, aber wir sitzen alle im gleichen Boot. Lasst uns gemeinsam schauen, wie wir dieses Boot wieder in den sicheren Hafen steuern." Das ist besser, als Sicherheit nur vorzugaukeln. Mitarbeiter spüren das. Und nur weil du den Angstschweiß schnell wegwischt, sind die Zeichen meist trotzdem deutlich länger zu sehen.

Führungskräfte haben also die Aufgabe, sich um ihre physische und psychische Gesundheit zu kümmern. Zu Corona-Zeiten gab es immer wieder „Tipps to stay healthy at home". Das Home können wir getrost streichen, denn Führungskräfte haben – ebenso wie ihre Mitarbeiter – die Aufgabe, sich grundsätzlich gesund zu erhalten. Um ihrer selbst willen, für die Familie – und das schließt natürlich auch die Leistungsfähigkeit und Schaffenskraft mit ein. Vor allem in herausfordernden Zeiten, wenn Führungskräfte also einen noch klareren Kopf brauchen als sonst, ist die Gesundheit ein zentraler Faktor. Neben körperlicher Fitness und der richtigen Ernährung, ist heutzutage vor allem eines wichtig: die Recovery-Zeit. Also die Erholung, die unser Körper und Geist braucht, um leistungsfähig zu sein und zu bleiben.

Die Grenze zwischen Arbeit und Freizeit ist gerade in Zeiten von Homeoffice fließender geworden. Das erfordert aber auch eine komplett neue Kompetenz, die wir nicht gelernt haben. Die müssen wir entwickeln. Das ist wie ein neuer Muskel. Und dieser neue Muskel will trainiert werden. Dazu gehört und braucht es Disziplin. Leider achten da nur die wenigsten drauf. Es ist ja auch niemand mehr da, der sagt: „Für heute reicht es, willst du nicht langsam mal nach Hause gehen?" Experten sehen genau da mittlerweile die meisten Probleme. Dass die Menschen nicht in der Lage sind, die notwendigen Sleep- and Recovery-Zeiten tatsächlich einzuhalten. Und selbstbestimmt zu sagen: „So und jetzt mache ich den Laptop aus, klapp ihn zu und stell ihn zur Seite. Jetzt ist privat und ich bin nicht mehr erreichbar."

Führungskräfte haben da übrigens eine echte und wichtige Vorbild-Funktion. Klar, dass sie auch mal länger arbeiten, aber wenn sie rund um die Uhr aktiv sind, fällt es vielen Mitarbeitern natürlich schwerer, klar zu ihren Arbeitszeiten zu stehen. Dabei sind (persönliche) Grenzen gerade hier extrem wichtig und dass diese – von allen – eingehalten werden.

Auf der anderen Seite haben wir in vielen Unternehmen nach wie vor Kulturen, in denen es immer noch als schick angesehen wird, ständig verfügbar zu sein. Kulturen, in denen Mitarbeiter meinen, das wäre karrierefördernd, ja notwendig, um überhaupt in Frage zu kommen für eine Führungsposition. Und die Freiheit, selbstbestimmt arbeiten und sich die Zeit eigenständig einteilen zu können, macht das Ganze nicht besser. Ich habe das selbst vor vielen Jahren so erlebt.

Als Witwe und alleinerziehende Mutter mit zwei kleinen Kindern hatte ich eine Führungsposition und war bei der Deutschen Telekom zuständig für unsere Wettbewerbskunden. Gefühlt hatten wir eigentlich immer irgendwo eine Eskalation. Ich hätte 24 Stunden durcharbeiten können. Wollte ich aber nicht. Für mich selbst war sehr klar, dass ich zwischen sechs und acht, halb neun nicht erreichbar bin, weil das meine Zeit mit den Jungs war, Abendbrot machen, uns unterhalten – schließlich hatte ich die beiden den ganzen Tag nicht viel gesehen.

Diese Zeit war mir heilig. Am Anfang habe ich versucht, das zu vertuschen. Und natürlich habe ich um halb neun wieder an meinen Mails gesessen. Bis ich gemerkt habe, dass ich damit eine Erwartungshaltung erzeugt habe bei meinen Mitarbeitern, dass die meinten, wenn ich um zehn Uhr abends eine Mail schreibe, dann müssten sie die auch noch beantworten, was natürlich genau das Gegenteil von Vorbild ist. Ich konnte es dann aber wieder in eine Vorbildrolle ummünzen, indem ich sehr klar kommuniziert habe: „Hey, Leute, meine Work-Life-Balance sieht so aus, dass ich von sechs bis halb neun abends die Zeit für meine Kinder nutze und nicht erreichbar bin. Wenn ich daher um neun Uhr abends eine Mail schreibe, dann liegt das daran, dass ich mich optimiere. Ich erwarte von euch aber nicht, dass ihr mir am gleichen Abend noch eine Antwort schickt."

Ob in unsicheren Zeiten, die alle betrifft oder in Zeiten, die nur für mich damals als Führungskraft unsicher waren – das Beispiel zeigt sehr deutlich, dass es wichtig ist, sich als Führungskraft zunächst einmal klarzuwerden, was man selbst möchte und das dann auch mit einem klaren Kopf umzusetzen und zu verkünden. Auch das macht eine gute Führung aus.

2.2 VON MOTIVATIONSQUELLEN UND MUTMACHERN

Motivation ist beliebig vielfältig. Motivation ist so individuell wie wir Menschen es sind. Das einfachste und wohl bekannteste sozialpsychologische Modell – die Maslowsche Bedürfnispyramide (siehe Abbildung dazu) – geht davon aus, dass wir alle triebgesteuert sind. Unter all den Bedürfnissen, die Menschen haben, sind auf der untersten, breitesten Ebene die Physiologischen (körperlichen) Grundbedürfnisse zu finden: Essen/Trinken, Kleidung, Schlaf, Liebe/Sex. Auf der zweiten Stufe gehört dann u.a. Geld zu den zentralen Faktoren. Nicht zu Unrecht! Schließlich sorgt das Einkommen dafür, dass der Schutz durch Wohnraum Geborgenheit gibt und damit unser Sicherheitsbedürfnis erfüllt. Welche Rolle die Macht in diesem Zusammenhang spielt, werde ich später noch erläutern.

Ohne Geld also kein „Safety and Security". Kein Wunder also, dass Geld – zumindest früher – durchaus ein entscheidender Motivationsfaktor war. Auch heute noch ist Leistung gegen Geld legitim. Mehr Geld für mehr Leistung allerdings funktioniert vor allem bei jüngeren Menschen nur noch bedingt – es muss genug da sein – ein Hygienefaktor sozusagen. Für die meisten zählt indessen als

Motivationsquelle inzwischen eher die (persönliche) Freiheit, selbst über den Tagesablauf, freie Zeiten, den Arbeitsort u.a. bestimmen zu können. Bis hin zur Frage nach dem Sinn – des Unternehmens, der eigenen Tätigkeit dort, des Lebens generell.

Anders ausgedrückt: Letztendlich geht es bei Führung darum, dass jemand möchte, dass ein anderer etwas für ihn tut – auch wenn derjenige vielleicht noch gar nicht selber auf die Idee gekommen ist. Im Idealfall macht er es trotzdem irgendwann und weiß auch zukünftig, dass die Leistung von ihm erwartet wird. Führung bedeutet also, dass jemand (sprich der Mitarbeitende) etwas tut, was jemand anders (sprich die Führungskraft) sagt.

Damit es dazu kommt, gibt es drei Möglichkeiten: Entweder die Führungskraft appelliert an die intrinsische Motivation. Ich verdeutliche das gerne an einem Beispiel. Wenn ich einer Mitarbeiterin aus dem Marketing sage: „Kannst du bitte die Einladungsliste in Excel mit denen der letzten Jahre überprüfen?“ wird diejenige wahrscheinlich antworten: „Oje, nein! Muss das wirklich sein?“ Aber wenn ich ihr sage: „Könntest du für mich einen Artikel zum Thema XY schreiben und platzieren oder meinen Vortrag auf dem Kongress halten?“ Dann ist sie in ihrem Element und sagt: „Ja, klar. Wann darf ich loslegen?“

Bei mir wäre es genau umgekehrt. Also, wenn mich jemand fragt: „Mensch Marion, kannst du mir nicht gerade mal ein Konzept für dies oder jenes entwickeln, dann sage ich: „O.k. so lange das nur Bullet-Points sein müssen, kann ich dir sagen: 1., 2., 3. ... Wenn die Aufgabe allerdings lautet: „Hey, ich brauche eine möglichst detaillierte Präsentation mit ca. 20 Seiten und ausführlichen Schritten, wie ich von A nach B komme, inclusive KPI-Messinstrument zur Messung der Zielerreichung.“, antworte ich: „Oh, muss das sein?“ So unterschiedlich sind Persönlichkeiten, und genauso unterschiedlich wollen diese motiviert werden. Oder andersherum: Wir wissen erst einmal, dass extrinsische Motivation nur in engen Grenzen funktioniert. Je mehr kognitive Fähigkeiten für eine Leistungserbringung nötig sind, desto mehr lähmt sogar das Thema Incentive/Belohnung.

Das heißt, das Thema von oben „Mehr Geld gegen mehr Leistung“ gibt es nur in sehr geringem Maße – natürlich immer vorausgesetzt, es „ist genug da, um die Rechnungen zu zahlen“. Das bestätigt auch Dan Pink mit all den Studien, die es dazu u.a. auch vom MIT gibt, in seinem Buch “DRiVE”. Ich bezeichne das Ganze gerne auch mit einem Dreiklang aus Autonomie, Sinnhaftigkeit und Können.

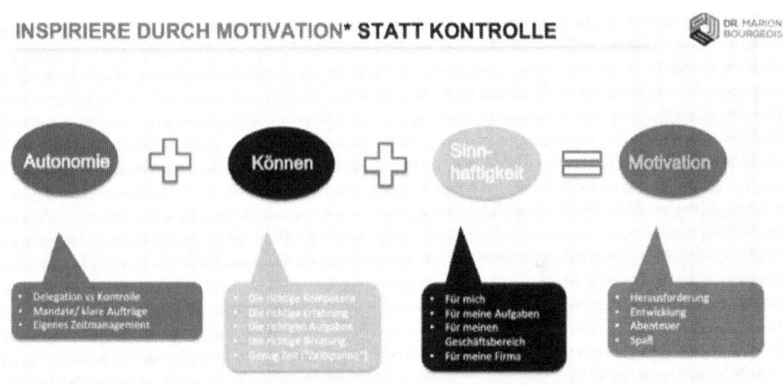

Abbildung: Dreiklang der Motivation nach Dan Pink „Drive“

Also heißt es in der Führung, vor allem die intrinsische Motivation der Menschen anzünden. Im ersten Schritt ist das sicher erst einmal ein ganz normales Tauschgeschäft: Ich gebe dir Geld dafür, dass du jetzt das hier für mich tust – also (bitte) mach es. Einsicht und Verständnis sind also erst einmal nicht vorgesehen. Aber in den überwiegenden Fällen war das in der Vergangenheit, in der industriellen Revolution mit Fließbandarbeit u.a. einfach so. Es ist aber auch relativ klar, wie hoch das Engagement von Menschen ist, wenn diesen einfach gesagt (ja vielmehr befohlen) wird: „Du machst das jetzt!" Natürlich gibt es auch heute in Unternehmen noch Mitarbeiter, die ihren Nine-to-five-Job machen. Leistung gegen Geld. Punkt! Sie vermieten ihre (Lebens-)Zeit gegen Geld. Spaß werden sie an dieser Tätigkeit in den seltensten Fällen haben – nur durch Zufall oder weil sie den Job so ausgewählt haben. Aber so richtig engagierte Mitarbeitende kriegen Unternehmen (und Führungskräfte) damit nicht.

Halten wir noch einmal fest: Die beste Möglichkeit, Mitarbeiter zu erreichen ist, indem wir ihre intrinsische Motivation aktivieren.

Dummerweise ist jeder Mensch anders und hat andere Motivatoren. Das heißt, eine Führungskraft kann von außen nicht sehen: Was motiviert genau diesen Mitarbeiter? Wertvolle Anhaltspunkte liefert auch hier wieder einmal die Maslowsche Bedürfnispyramide. Schauen wir einmal, wo der Mitarbeitende ungefähr ist, welche seiner Treiber befriedigt sind, ob er Teil der Gruppe ist ... dann können wir schnell und individuell erkennen: Was braucht er denn jetzt genau? Mehr Geld (weil er sich ein Haus bauen will) oder mehr Flexibilität (weil er gerne mehr Zeit hätte, um mitzuerleben wie seine Kinder aufwachsen)?

Wenn es um das Mehr geht, dann nutze ich gerne die Motivatoren nach Dr. Eduard Spranger. Spranger unterscheidet letztendlich zwischen sechs unterschiedlichen Motivationsformen, die jeweils noch zwei unterschiedliche Dimensionen haben. Es gibt natürlich unendlich viele Modelle. Wichtig für Führung ist aus meiner Sicht, dass sich eine Führungskraft ein oder zwei Modelle aussucht, sich mit diesen intensiv auseinandersetzt und sie nicht nur in ihrer Toolbox, sondern auch im Kopf hat, d.h. sie täglich lebt. Denn nur dann kann ich gute Fragen stellen. Falls dieses Modell für dich nicht passt, dann such dir also einfach ein anderes. Wichtig ist für mich einfach nur, dass Führungskräfte lernen, auf jeden Mitarbeiter individuell zu schauen. Ich persönlich schätze Spranger sehr, weil auch die Insights MDI® Analysetools, mit denen ich ebenfalls gerne arbeite, auf dessen Modell basieren. Hätte ich dieses Tools eher gekannt, wären mir viele Entscheidungen als Führungskraft und persönlich sehr viel einfacher gefallen.

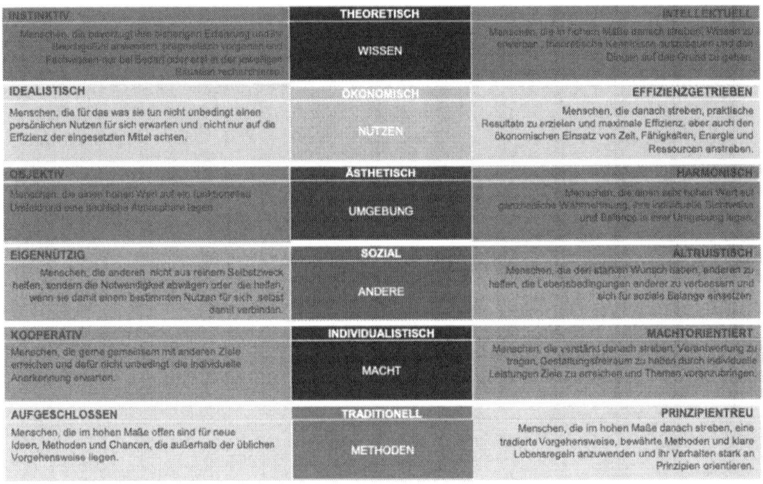

Abbildung: Spranger Motivatoren, Quelle: INSIGHTS MDI International® Deutschland GmbH

Schauen wir uns die Motivatoren doch einmal etwas genauer an bzw. auch, wie sich das Ganze sozusagen auslesen lässt. Es gibt zum einen den Motivator theoretisches Wissen. Es gibt den Motivator Wirtschaft bzw. Nützlichkeit. Es gibt den Motivator Ästhetik sowie ästhetische Umfeld. Es gibt den Motivator Soziales bzw. „Wie gehe ich mit anderen um?" Es gibt den Motivator Macht verbunden mit dem Aspekt, inwiefern bin ich eher individualistisch oder eher teamorientiert unterwegs? Und schließlich der Motivator, wie wichtig sind mir Methoden, also das Traditionelle? Im Folgende stelle ich den einen oder anderen Aspekt – ohne Anspruch auf

Vollständigkeit – noch etwas ausführlicher dar. Dies soll lediglich dazu dienen, tiefer in die Thematik einzutauchen, sofern dir das liegt.

Greifen wir zum Start einfach mal den Motivator Ästhetik bzw. das ästhetische Umfeld heraus. Damit ist nicht nur die tatsächliche Umgebung im äußerlichen Sinne gemeint, sondern es bezieht sich auch auf die Frage: Wie sehr brauche ich ein harmonisches Umfeld – beispielsweise was meine Beziehungen angeht? Zunächst wichtig ist immer die Frage: Wie hoch ausgeprägt ist dieser Motivator? Wie wichtig ist das dem jeweiligen Mitarbeiter? Und wenn es ihm wichtig ist, dann kann es ihm immer in zwei Dimensionen wichtig sein.

Wenn wir das mal auf das Thema „Auswahl eines Trainingshotels" beziehen, dann würde ich wahrscheinlich sehr objektiv darauf schauen, dass die Teilnehmer von den unterschiedlichsten Orten gut anreisen können. Ich achte darauf, dass die Wege innerhalb des Hotels kurz sind und dass es auch nicht zu viel kostet. Die Entscheidung fällt dann vielleicht auf ein Motel One oder ein Ibis möglichst nah am Bahnhof. Wogegen, wenn ich sage: Ja, aber mir ist wichtig, dass es ein persönlich harmonisches Ambiente ist, dass man sich da wohlfühlt, dass ich innen Pflanzen und außen einen Park habe, dann gehe ich vielleicht in ein Tagungsschloss irgendwo weit draußen. Grundsätzlich gibt es alle Abstufungen. Wenn ich sage: Das ist mir wichtig, dann heißt das noch lange nicht, dass das andere mir überhaupt nicht wichtig ist. Es gibt also nie nur das eine oder das andere – es gibt immer auch unendlich viele Lösungen dazwischen, wenn auch meist mit einer klaren Tendenz in eine Richtung.

So kann man das jetzt für jeden beliebigen Motivator und jede Dimension machen. Für Führungskräfte ist es sehr hilfreich, einfach mal zu wissen: Was ist wem wichtig? Zum Beispiel Age-up-People sind oft in dem Bereich Soziales/Andere unterwegs. Das ist für sie – übrigens auch für mich selbst – ein hoher Motivator. Aber auch da gibt es unterschiedliche Ausprägungen. Für die einen einfach, weil sie im Dienst der Sache sind und sich wohl dabei fühlen. Das sind dann eher Menschen, die findest du bei „Ärzte ohne Grenzen" wieder. Und dann gibt es die Leute, die eher sagen: Ja, ich mache das total gerne, aber damit möchte ich auch mein Geld verdienen, die mit einer Intension reingehen oder die sagen: Ich kümmere mich gerne um die Menschen, die für mich auch wichtig sind. Beide haben ein hohes soziales Motiv, aber mit unterschiedlicher Ausprägung.

Ein weiterer Bereich ist die Individualität, also die Ausprägung: Wie sehr bin ich im Kollaborativen unterwegs? Inwiefern ist der Teamgedanke für mich wichtig. Und wie weit möchte ich einfach so gestalten können, wie ich will? Es gibt den Unterschied zwischen Follow the Rules, d.h. das haben wir schon immer so gemacht, das machen wir jetzt auch weiter so.

Oder: Hey, da kommt ein Problem, lass uns mal gucken, wie wir dafür die beste Lösung finden. Je tiefer der Einzelne in einer dieser Ausprägungen verwurzelt ist, desto schwieriger ist natürlich die Anpassung und ggf. auch das Miteinander.

Erschließt sich jemand neues Wissen, macht der eine das vielleicht eher anhand von theoretischem Know-how, indem er wissenschaftliche Artikel liest. Ein anderer nutzt vielleicht lieber Erfahrungswerte und lässt sich von jemandem, der sich in diesem bestimmten Bereich auskennt, Geschichten erzählen. Hinsichtlich der Wirtschaftlichkeit ist der eine eher der Idealist, der Dinge tut, einfach weil sie richtig sind und egal, was es kostet. Und der andere ist eher unterwegs im Sinne von: Egal, was ich mache, es muss immer ressourcenorientiert sein, also der Nutzen muss die Kosten überbieten.

Zusammenfassend lässt sich sagen: So wie Motivationsquellen für jeden andere sind, so sind es auch Handlungsmuster und die Dinge, die uns überhaupt erst einmal zum darüber Nachdenken und Tun anregen. Bei allem ist es die Aufgabe einer Führungskraft, zunächst einmal zu wissen, was der einzelne Mitarbeiter braucht, wie er denkt und handelt, um dann die Weichen entsprechend zu stellen, begleitend an seiner Seite zu bleiben – und ihm in guten wie in schwierigen Zeiten Mut zuzusprechen.

2.3 MIT STRESS UND DRUCK UMGEHEN

Die Wissenschaft hat den Zusammenhang zwischen Performance und Stress erforscht und man weiß, dass die Performance dann am höchsten ist, wenn man so gerade in einer guten Auslastung ist oder vielleicht sogar ein kleines bisschen überlastet. Ist die Überlastung zu hoch, geht die Performance nach unten. Wenn ich zu wenig Stress habe, dann komme ich leicht in einen mehr oder minder gelangweilten Zustand. Dann bin ich auch nicht so leistungsfähig, wie ich es sein könnte. Ich kann meine Möglichkeiten nicht abrufen und meine Aufgaben bzw. Arbeiten nicht liefern.

Den Zustand kennen wir alle, wenn wir nach einem langen Urlaub zurück an den Schreibtisch kommen und merken, dass wir uns irgendwie erst mal wieder dran gewöhnen müssen. Mit nur zwei Meetings am Tag sind wir gefühlt total ausgelastet, ja fast schon überfordert, und es dauert unglaublich lange, bis wir überhaupt wieder in die Gänge kommen. Das heißt also, es ist eigentlich ganz sinnhaft, wenn du eine gute Arbeit leisten willst, ein angemessenes Stresslevel zu haben, in dem der Körper leistungswillig, aufnahmebereit etc. ist.

Jetzt ist es in unserer Zeit normalerweise so, dass du Phasen hast zwischen wechselnder Anspannung und Entspannung. Das geht eigentlich alles smooth, mal hast du ein bisschen mehr zu tun, mal hast du ein bisschen weniger zu tun, mal geht dir alles leicht von der Hand und es geht dir gut, dann hast du vielleicht Kopfschmerzen und der Tag läuft nicht so gut. Wenn dann irgendetwas auf dich einwirkt und plötzlich einen Riesenstress produziert, dann geht deine Körperspannung hoch. Deine ganze Physiologie reagiert auf diesen Stressor. Du gehst in eine komplette Anspannung, die dein Körper (und dein Geist) aber durchaus verkraften kann, wenn er sich danach entspannen kann.

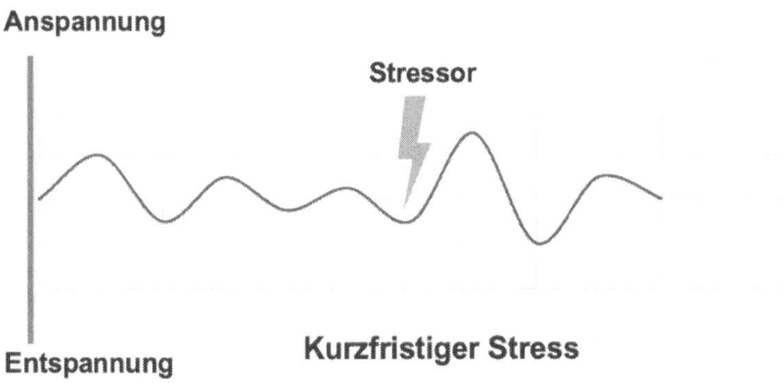

Abbildung: Stresskurve bei kurzfristigen Stressoren und genügend Entspannungszeit

Was aktuell passiert durch die gefühlte Schnelllebigkeit unserer Zeit – und ich sage bewusst gefühlt, denn wir entwickeln uns ja schon seit Jahrzehnten zumindest, dass wir es nachvollziehen können, in einer Art und Weise: „Boah, das Leben wird immer schneller." Und jetzt kam auch noch die Corona-Pandemie dazu. Wer weiß, was das nächste Thema sein wird. Das hat Auswirkungen auf uns, die sich in folgender Grafik sehr gut darstellen lassen:

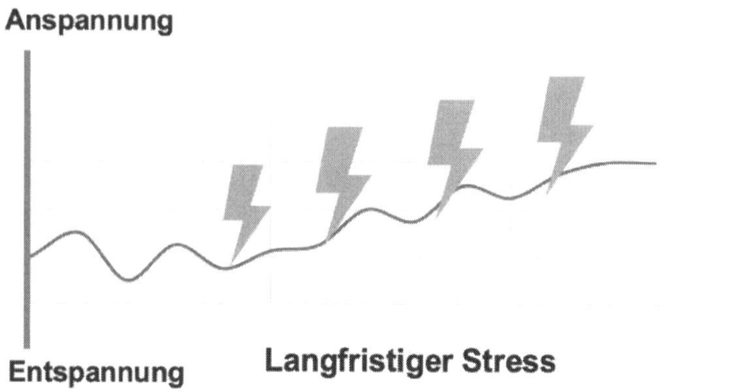

Abbildung: Stresskurve bei immer wiederkehrenden Stressoren und ohne genügend Entspannungszeit

Mit all dem kommen wir leider nicht mehr in die blaue Kurve, sondern wir leben gefühlt in der roten Kurve. Das heißt, wir leben in einer Kurve, wo wir nicht mehr dieses schöne Schwingen von Belastung und Entlastung haben, sondern wo ein Stressor nach dem nächsten passiert, wo du sozusagen in diesen Long-Term-Stress kommst. Und wir kennen sehr gut die Auswirkungen dieser Stressoren. (Studie)

Das heißt, wir haben körperliche Symptome von Stress. Und sobald wir da drin sind, sind wir halt nicht mehr so leistungsfähig. Je höher und je länger das geht, umso mehr kommen wir in die Anspannung, desto ungesünder wird es.

Gerade im ersten halben Jahr des Corona-Lockdowns erlebte ich als Coach sehr oft, dass Führungskräfte regelrecht fertig waren – fertig mit sich und der Welt, und demzufolge auch nicht mehr in der Lage waren, ihrer Aufgabe der Führung nachzukommen. Wenn wir uns noch einmal an die Maslowsche Bedürfnispyramide erinnern, fand ich folgendes sehr interessant: Vor Corona ging es in den meisten meiner Coachings überwiegend um Themen der Ebene 4 (individuelle Bedürfnisse) und 5 (Selbstverwirklichung), vielleicht manchmal auch noch in Ebene 3, also die sozialen Bedürfnisse wie Liebe und Zugehörigkeit.

Da ging es bei Führungskräften um Fragen wie: „Wie schaffe ich es denn, mein Team zusammenzuschweißen?“ oder „Wie schaffe ich es denn, Teamspirit zu entwickeln?“.

Zur Hochphase der Pandemie war ich nur noch in den beiden Ebenen 2 (Sicherheitsbedürfnisse) und manchmal sogar 1 (physiologische Bedürfnisse) unterwegs. Und das ist auch nicht verwunderlich, weil immer mehr Menschen Angst haben. Auch Führungskräfte leben in Angst. Und diese Angst ist letztendlich für mich nicht der, aber ein Gegensatz von Sicherheit. Irgendwie fühlt sich jeder bedroht. Mitarbeiter und Führungskräfte. Die einen fühlen sich ihrer Gesundheit beraubt, haben Angst um ihr Leben, um Auswirkungen, um ihre Liebsten, um ihre Nächsten. Die anderen haben Angst davor, ihre Freiheit zu verlieren. Diese ganze Diskussion, die es gibt, rund um die Pandemie, Impfung, Masken, Regeln, Einschränkungen. Ob Gegner oder Befürworter – und von was auch immer, letztendlich eint jede Gruppierung eines: die Angst. Sie alle haben Angst, nur ist es die Angst vor unterschiedlichen Dingen.

Maslow sagt sehr deutlich: Es hat keinen Sinn, beispielsweise nach Selbstverwirklichung zu streben, wenn ich in den unteren Bereichen Defizite habe. Das heißt, ich muss erst einmal sicherstellen, dass meine Basis-Bedürfnisse – und als befriedigt sind. Und als Führungskraft natürlich darauf schauen, dass die Basis-Bedürfnisse meiner Mitarbeiter befriedigt sind.

Das hat sich jetzt in den unsicheren Zeiten, in denen wir leben, tatsächlich verändert. Wir haben eine sichere Basis verloren. Und auch wenn Sicherheit für jeden etwas anderes bedeutet bzw. Sicherheit nicht eindeutig definiert ist, hat gerade dieser Punkt wesentliche Auswirkungen auf Führung. Ich muss als Führungskraft wissen: Was braucht denn mein Mitarbeiter, um sich sicher zu fühlen? Was muss ich als Führungskraft beachten, um ihm diese Sicherheit tatsächlich angedeihen lassen zu können?

Das heißt also, was auch immer gerade passiert, hat Auswirkungen auf dich als Führungskraft, weil das eine wichtige Frage aufwirft: Worüber muss ich mit den Mitarbeitern reden? In den überwiegenden Fällen brauche ich mich glücklicherweise über die Grundbedürfnisse nicht oder nur in der geringsten Form zu unterhalten. Das hier ist leicht zu managen, sobald mir bewusst ist, dass ich auf diesen Punkt überhaupt schauen muss. Dann gibt es - je nach Branche und Bereich – Mitarbeiter, die unglaubliche Existenzangst haben. Aufgabe der Führungskraft ist es dann, diesen Mitarbeitern wieder Sicherheit zu vermitteln – natürlich nur, sofern das auch stimmt. In dem Augenblick, wo es mir als Führungskraft bewusst ist, dass ich auf der Sicherheitsebene agieren muss, kann ich handeln. Und dafür muss ich aber auch wissen: Wo bin ich denn selber gerade unterwegs?

Es sind also immer zwei Perspektiven wichtig: Wo befinde ich mich selber? Wo befindet sich der Mitarbeiter? Und zudem: Wie kommuniziere ich absolut klar, weil auch das die Sicherheit erhöht. Mit all dem kann ich als Führungskraft den oben abgebildeten Kurvenverlauf beeinflussen – indem auch ich mit meinem Verhalten dafür sorge, dass die Anzahl der Stressoren minimiert wird.

Da wir uns in diesem Kapitel ja mit dem Thema Stress und Druck beschäftigen, gibt es was Pausenzeiten anbelangt, eine schöne Geschichte:

Ein Holzfäller kommt total motiviert zu seinem neuen Job. Am ersten Tag ist er total happy, weil er schafft, 22 Bäume zu fällen. Und er geht zum Vorarbeiter und der sagt: Ja, super gemacht. Am nächsten Tag sind es nur noch 17. Am dritten Tag strengt er sich noch mehr an, gibt noch mehr Gas und bleibt auch noch eine

Stunde länger und er schafft nur 14. Er geht zum Vorarbeiter und sagt: Hey, ich habe alles gegeben, es tut mir wirklich unglaublich leid, aber ich habe heute nur 14 geschafft. Ich weiß nicht, woran es liegt. Und der Vorarbeiter sagt: Ja, wann hast du denn das letzte Mal deine Axt geschärft? Und der Holzfäller antwortet: Das weiß ich nicht, ich hatte keine Zeit, die Axt zu schärfen.

Wir müssen hergehen – und ich wiederhole mich hier bewusst noch einmal, weil das Thema aus Kapitel 2.1 einfach so wichtig ist – und uns immer wieder bewusst machen:

Erholungszeiten sowie die Zeit für körperliches Training und gute Ernährung – sind nicht einfach nur „Relaxen" oder zu neudeutsch „chillen", sondern das ist Axtschärfen!

Das muss einfach ganz präsent und klar sein: Ich bin nicht leistungsfähig, wie das Beispiel des Holzfällers zeigt, wenn ich immer nur mehr Spannung draufpacke. Dann geht meine Performance in die Knie. Ich bin nur leistungsfähig, wenn ich mein Leben ausbalanciere, wenn ich nach der Anspannung auch eine entsprechende Erholungsphase habe.

Das weiß jeder Leistungssportler. Wie schaffe ich es, ein perfektes Training hinzukriegen? Dazu muss man kein Sportwissenschaftler sein, man sollte mindestens jeden zweiten Tag trainieren, aber dann braucht der Körper auch seine Pausenzeiten. Mein 18-jähriger Sohn erklärt mir dazu: Ich trainiere meine Muskeln im Fitnessstudio entweder in zwei oder in drei Partien und wechsle das jeweils ab, damit der Muskel auch Zeit zur Erholung und zum Wachstum hat.

Aber wir Menschen meinen immer, je länger wir arbeiten, desto toller sind wir und desto mehr schaffen wir. Ein gutes Beispiel ist ein Coachee, den ich einmal im Training hatte. Am Ende des Trainings erarbeite ich mit meinen Teilnehmern immer eine kleine

Liste, was sie jetzt tatsächlich ändern wollen an ihrem Verhalten. Das Schlimmste und Dümmste wäre ja, in ein Training zu gehen, danach nichts zu ändern und zu erwarten, dass man ein anderes Ergebnis bekommt.

Aber machen wir uns nichts vor: Verhaltensveränderungen sind natürlich unglaublich schwer. Leichter fallen sie, wenn wir mit Kleinigkeiten beginnen. Schaffen wir es diese zu verändern, ändert sich dadurch oft auch größere Dinge. Deshalb hatte sich einer meiner Coachees nur eines vorgenommen: einfach nur morgens eine halbe Stunde früher aufzustehen, damit er in der Lage war, den Frühstückstisch zu decken, um mit seiner Familie gemeinsam zu frühstücken. Für ihn hat sich dadurch sein ganzes Leben geändert. Plötzlich war er Teil der Familie. Er wusste, wie der Tag ablief und wo er sich eventuell einbringen konnte. Dieses für ihn ganz andere Familiengefüge hat einen extremen Druck von ihm genommen: er müsste doch mehr für seine Familie da sein. Und dabei stand er doch immer so Anspannung und hatte immer dieses schlechte Gewissen. Jetzt wo er wusste, was er tun kann, war das plötzlich vorbei.

Nach etwa einem Jahr kam er zurück und sagte, er wolle dieses Training noch mal machen. Auf meine Frage „Warum denn?", hat er geantwortet „Na ja, das erste Mal, da war ich, was Veränderungen anbelangt, sozusagen noch im Kindergarten. Inzwischen habe ich in der Schule viel gelernt – und jetzt möchte ich gerne mein Abitur machen. Ich möchte eine Zwiebelschale tiefer gehen. Wenn schon eine kleine Verhaltensänderung so einen Riesenrattenschwanz an positiven Dingen nach sich zieht, was kann ich dann in anderen Bereichen noch alles erreichen, was mir wichtig sind?

Ein anderer Teilnehmer war einfach nur jeden Tag eine halbe Stunde laufen. Und auf einmal wurden alle seine Meetings effizienter und kürzer, weil er beim Laufen für sich selber Klarheit gefunden hat. Und das muss gar nicht mal auf der bewussten Ebene stattfinden. Es passiert ja unglaublich viel auch auf der unbewussten Ebene. Gerade in der Verhaltensänderung. Übertragen wir das auf die Führung, dann denk doch bitte mal drüber nach, was du konsequent mit einer halben Stunde am Tag für ein persönliches Gespräch reihum mit deinen Mitarbeitern erreichen könntest. Auch das kann dazu beitragen, sowohl bei dir selbst den Druck zu mindern, wenn vielleicht mal wieder die Jahresgespräche anstehen, als auch dem Mitarbeiter den Stress zu nehmen, weil Dinge möglichst zeitnah besprochen werden können.

Fassen wir kurz zusammen: Wege, die aus dem Stress führen (sollen), fordern, dass du gut auf deinen Körper achtest. Du hast nur den einen.

Das zweite wichtige Thema ist die seelische Gesundheit. Dazu gehört vor allen Dingen die Achtsamkeit mit sich selber, verbunden mit (deinen) Emotionen. Diese nur einmal wahrzunehmen, ggf. als da ist etwas, „Achtung, Vorsicht", wenn es negative Emotionen sind, hilft einen anderen Umgang damit zu pflegen.

Mir selber fällt das teilweise auch sehr schwer. Letztens saß ich neben einer Person und wurde plötzlich total müde. Im Nachhinein wurde mir klar, diese Person hatte mir in dem Moment jegliche Energie geraubt. Und dann habe ich reflektiert: Wie konnte das sein? Und gemerkt: In dem Augenblick, wo ich sage: „Die hat mir jetzt jegliche Energie geraubt", habe ich dieser anderen Person bereits die Macht über mich gegeben. Deshalb habe ich für mich umformuliert: „Puh, die hat aber eine starke dunkle Energiewolke um sich." Ich habe mich also klar abgeschottet und distanziert, indem ich sage: „O.k. das ist deine Energie, hier ist meine Energie. Und es gibt keine Notwendigkeit, deine schwarze Wolke auf mich wirken zu lassen." Ich muss sie nur wahrnehmen „Ah, da ist was.", indem ich achtsam mit mir und meiner Umgebung umgehe und mich entschließe, aus der Situation rauszugehen. Und wenn es nur mal

Händewaschen ist. Je besser ich in Übung bin, umso eher reicht es manchmal auch, einfach nur bis drei zu zählen.

All das sind Muskeln, die es lohnt als Führungskraft zu trainieren, damit das Thema Mindfullness funktioniert. Allerdings geht das nur sehr schwer, wenn du selber komplett unter Druck bist. Gerade wenn du am Anfang einer solchen Begegnung blockierst, weil du innerlich irgendwo eine Blockade hast, dann geht das schon mal gar nicht. Du musst also wirklich – oberstes Prinzip – schauen, dass du runterkommst von welchem hohen Stresslevel auch immer.

Wir wissen mittlerweile aus der Neurowissenschaft, sobald ich unter Druck gerate, sprich emotional involviert bin, schaltet sich der präfrontale Kortex aus und die Amygdala übernimmt – das heißt, wir sind triebgesteuert. Und das heißt letztendlich, wir haben nur drei Möglichkeiten der Handlung, die wir schon seit Urzeiten haben:

Fight - also Kämpfen,
Flight - also Fliehen oder
Freeze -also Erstarren.
Fawn – suchen der Gemeinschaft als Orientierung. Diese vierte Komponente ist relativ neu in der Wissenschaft.

Und auch hier gilt wieder – zu wissen, wie in welchen Situationen der eigene Autopilot tickt – hilft, nicht nur Dich selber zu führen, sondern auch mit Deinen Mitarbeitern ganz anders umzugehen.

2.4 ENTSCHEIDUNGEN TREFFEN – JETZT ERST RECHT!

Das Problem, mit dem wir alle konfrontiert sind und das uns ausnahmslos herausfordert, ist, dass wir heute oft agieren müssen, ohne zu wissen, was morgen ist. In Zeiten wie diesen braucht es also mehr als sonst den richtigen Ansatz, um jeden Tag aufs Neue die nötigen Entscheidungen zu treffen. Das verlangt nach den richtigen Führungskräften. Aber wer im Unternehmen ist tatsächlich in der Lage dazu? Zeit, sich selbst einmal kritisch zu (hinter-)fragen: Bin ich gerade der oder die richtige, um in der Krise das Schiff aus dem Sturm zu steuern? In welchen Zustand befinde ich mich selbst? Und welchen Status hat das Problem? Sind CEOs, Geschäftsleitungen und Führungskräfte dazu wirklich bereit?

Viele Mitarbeiter sind davon überzeugt „Ja, mein Chef macht das toll“. Andere haben den Eindruck „Mein Chef ist überfordert“. Woran liegt das? Eine Erklärung dafür liefert das Cynefin Model, wie in Kapitel 1.6 bereits ausführlich erklärt.

Machen wir uns nicht immer wieder bewusst, in welchem Status wir uns gerade befinden, reagiert unser Autopilot. Und je angespannter die Situation, je betroffener wir von was auch immer sind, umso mehr folgen wir unserem Autopiloten. Deshalb gilt meine Bitte dem Management, den Unternehmern, allen Boards und allen, die heutzutage Menschen führen: Nehmt euch die Zeit, vorher zu überlegen, aus welchem Status, aus welchem Zustand heraus, muss diese Situation gelöst werden. Was ist das jetzt in diesem Augenblick für ein konkretes Problem? Aus welchem Feld kommt die anstehende Aufgabe? Was müssen wir heute lösen?

Nur dann könnt ihr entscheiden, wer innerhalb des Unternehmens oder innerhalb des Teams der Richtige ist, um diese Angelegenheit zu übernehmen und zu tun, was getan werden muss. Rangordnungen sind dafür längst passé. Es zählen weder Ausbildung noch Erfahrung. Einzig und allein die Fähigkeiten des Einzelnen im jeweiligen Moment. Im Status 1 – geordnet, brauche ich jemanden, der Prozessdenken hat, der sehr klar strukturiert vorgeht. Schon ab Status 2 – kompliziert, braucht es jemanden, der die Fähigkeit hat, unterschiedliche Experten an einen Tisch zu bekommen und dann auch die innere Größe hat, mit den Experten zu diskutieren, auf dieser Basis eine einheitliche Meinung zu beschließen und diese zu kommunizieren.

Gerade im chaotischen Status 4, in dem wir uns immer öfter, gibt es nicht genügend Informationen. Das was passiert, steht in der Glaskugel und muss erst noch herausgefunden werden. Da braucht es jemanden, der umsichtig, aber entscheidungsstark ist und die Achtsamkeit hat, die getroffenen Entscheidungen minütlich zu hinterfragen, zu beleuchten und die Ergebnisse zu beobachten, um daraus dann wiederum die richtigen Konsequenzen zu ziehen und die nächsten sinnvollen Schritte zu gehen.

2.5 KLARE KOMMUNIKATION, AUCH IN KRISEN

Betrachtet man die Ursachen, warum Gespräche nicht gelingen, sind es meistens zwei Faktoren, die immer wieder auftauchen: Auf der einen Seite unterschiedliche Auffassungen, auf der anderen Seite starke Emotionen – beides potenziert sich, je mehr auf dem Spiel steht.

Forschungen und auch meine persönlichen Erfahrungen in der Führung und im Coaching haben immer wieder gezeigt: Erfolgreich sind diejenigen, die heiklen und schwierigen Gesprächen nicht aus dem Weg gehen! Dies gilt im Berufsleben genauso wie im privaten Umgang mit Partnern, Familien, Freunden oder in Vereinen. Leichter gelingt dir das, wenn du folgende Punkte berücksichtigst bzw. folgende Fragen beantwortest:

- Bist du ehrlich mit dir selber? Was willst du wirklich? Berücksichtigst du zugleich Fakten UND Emotionen?
- Weißt du um Handlungsspielräume und Emotionen des anderen?

- Herrscht Vertrauen zwischen dir und deinem Gesprächspartner, also deinem Mitarbeiter? Was tust du, um dieses Vertrauen aufzubauen?
- Fragst Du schon oder interpretierst Du noch?
- Hörst du wirklich zu oder formulierst du deine Antworten schon, während dein Gegenüber noch spricht?
- Sprichst du Klartext oder redest du diplomatischen Müll?

Wenn du alle Fragen reflektiert und beantwortet hast, kannst du guten Gewissens JEDE Diskussion führen. Mit dem Mitarbeiter, dessen Art und Weise dich täglich nervt und dem Chef, der dich endlich für deine Leistung sehen soll!

Fakt ist: Wenn sich etwas in deiner Kommunikation ändern soll, dann musst du etwas anders machen als bisher. Führungskräfte müssen in die Selbstverantwortung kommen. Ganz nebenbei müssen natürlich auch Unternehmen den Kulturwandel einläuten. Hin zu mehr kommunikativer Transparenz und Klarheit. Um unabhängig von den äußeren Bedingungen zu einem gemeinsamen Weg zu kommen, erfordert das natürlich auch eine neue transparente und klare Führung.

Dieses oft geschilderte und von Führungskräften bemängelte „Wie kommen einfach nicht zueinander“ liegt ganz oft daran, dass es eben genau diesen ersten Schritt, dieses gemeinsame klare Problemverständnis, diese gemeinsame transparente Situationsbeschreibung nicht gibt. Ich meine, der andere hat verstanden, was ich gesagt habe, er hat auch genickt, aber er hat etwas ganz anderes verstanden. Sehr gut nachvollziehbar schildern das Christian Stöwe, Lara Keromosemito und Alexander Fritz in ihrem eBook “Vom Kollegen zum Vorgesetzten. So entwickeln Sie Ihre Führungsstrategie”

(https://www.lehmanns.de/shop/wirtschaft/30152788-9783658021634-vom-kollegen-zum-vorgesetzten?PHPSESSID=eg-bekatl4qmfm6kv7is3duegch#drm1)

Was also tun, wenn der andere partout nicht will? Wir Menschen sind schon merkwürdig. Wie oft reagieren wir unwirsch, wenn uns jemand auf etwas anspricht. Dabei muss es nicht unbedingt ein Fehler sein, den wir nicht zugeben wollen. Oft genügt schon ein falsches Wort zum ungünstigen Zeitpunkt und wir machen die Schotten dicht. Umgekehrt dringen auch wir manchmal nicht zu jemandem durch, so sehr wir auch eine gemeinsame Lösung im Blick haben. Sicher kommt dir das bekannt vor!

Natürlich ist es kritisch, wenn wir einen anderen auf ein Problem aufmerksam machen. Aber haben wir nicht alle täglich mit Aufgaben zu tun, die uns alles abverlangen. Alleine kommen wir da oft nicht weiter, gemeinsam könnten wir dagegen vieles lösen. Vorausgesetzt, unser Mitarbeiter ist uns als Führungskraft und unserem Anliegen gegenüber aufgeschlossen. Leichter gelingt ein Konsens, wenn wir die fünf verschiedenen Stufen von Abwehr kennen. Oder noch besser wissen, wie wir damit umgehen, fachlich und menschlich, damit der andere am Ende vielleicht doch will:

1. Was tun, wenn er/sie einfach nur VERNEINT, also leugnet, dass es ein Problem gibt?

„Immer kommst du zu spät, du bist unpünktlich!"
„Nein."
⇨ <u>Dann konfrontierst du ihn/sie mit Zahlen, Daten, Fakten.</u>
„Am 3. April warst du zu spät beim Kunden, am 4. zu spät hier, am 5. zu spät dort."

2. Was tun, wenn das Problem doch „nur ganz klein ist" und er/sie uns vorwirft, dass wir aus einer Mücke einen Elefanten machen?

„Du lieferst nicht fristgerecht ab!"

„Das ist doch nicht so schlimm, du bekommst es gleich morgen."

⇨ Dann zeigst du ihm/ihr die Konsequenzen – sowohl die Fakten als auch die emotionalen Aspekte – auf.

„Doch, es ist schlimm, weil ich meinem Chef deshalb dieses und jenes nicht geben konnte. So verärgern wir den Kunden Y und uns entgeht Umsatz."

3. Was tun, wenn daran ja ganz andere schuld sind?

„Ich kann doch nichts dafür, dass ich nicht geliefert habe, weil ich ja die Daten von Susanne noch nicht bekommen habe!"

⇨ Dann überprüfst du den spezifischen Anteil der anderen Beteiligten, weist aber darauf hin, dass es um eine gemeinsame Lösung geht und du deinen Anteil daran hast.

„Weiß Susanne denn, dass du dringend die Daten brauchst? Hatte sie dir die Lieferung zugesagt? Hast du alles getan, damit Susanne dir die Infos gibt? Hast du sie erinnert? Gemailt? Angerufen? Gegebenenfalls eskaliert? Bei mir? Bei ihrem Boss?"

4. Was tun, wenn das Problem zu groß ist und er/sie überzeugt ist, dass er/sie das nicht alleine schafft?

„Ich schaffe die Analyse nicht, weil ich nicht genau weiß, wie das geht."

⇨ Das ist die einzige Haltung, bei der du Hilfe zur Selbsthilfe anbietest. Dabei machen wir das Problem klein(er).

„Dann fang mit a an, dann erst machst du mit B weiter und dann kommst du nochmal zu mir."

5. Was tun, wenn er/sie sagt: „Ja – das ist ein Problem!"

⇨ Dann ist alles gut, und ihr könnt gemeinsam an der Lösung arbeiten.

Leider verläuft der Weg durch diese Schritte in den wenigsten Fällen linear. Menschen springen in ihrer Argumentation hin und her. Aber, wenn du genau hinhörst und darauf achtest, auf welcher Stufe sich dein Mitarbeiter gerade befindet, helfen dir die Lösungshinweise dabei, deine Gespräche nicht nur überzeugender, sondern auch wertschätzender zu führen.

Frag dich dazwischen ruhig auch immer wieder einmal selber (und auch den Mitarbeiter), ob du wirklich klar kommuniziert hast. Es führt kein Weg daran vorbei. Und auch ich kann das hier nur immer wieder klar kommunizieren: Wir brauchen dieses gemeinsame Situations- und Problemverständnis!

Hast du dieses Problembewusstsein geschaffen und du kommst mit dem Mitarbeiter trotzdem nicht weiter – dann WILL der Mitarbeiter keine Einsicht zeigen – und damit sind wir dann bei einem ganz anderen Problem. Einem, das auf der Beziehungsebene thematisiert werden muss – eine reine Faktendiskussion bringt Dich hier nicht weiter! Aber lies einfach weiter.

2.6 BOTSCHAFTEN TRANSPORTIEREN, INTERN UND EXTERN

Führung ist Kommunikation. Und Kommunikation ist Führung. Beides dient dem Zweck Botschaften zu transportieren. Führung heißt, dass ich jemandem gedanklich mitnehme auf eine Reise. Führung heißt aber auch, dass ich jemandem erkläre, warum er etwas tun soll. Und dass ich ihn dazu bringe, das zu tun, was ich von ihm möchte. Wie kann ich das schaffen? Durch klare Botschaften.

Indem ich durch diese Botschaften die eigene Motivation der Person wecke oder ich als Führungskraft ihn persönlich überzeuge, also eine Art und Weise habe, ihm klarzumachen, dass es seine Aufgabe ist, das tu tun.

Führungskräfte mit klaren Botschaften wecken das Engagement von Mitarbeitern. Und am meisten Engagement bekomme ich bei der Person, wenn ich seine Motivation wecke. Klingt doch eigentlich recht logisch und einfach – aber genau das ist es im Führungsalltag eben nicht.

Viel öfter als Erfolgsbotschaften höre ich beispielsweise von Führungskräften im Coaching, dass es nicht funktioniert: „Mit dem kann man nicht reden!", „Bei dem meine Botschaft nie an!", „Der will mich einfach nicht verstehen!" ... Frage ich dann gezielt nach und höre, was die Führungskräfte mir auch zwischen den Zeilen mitteilen, kann ich nur sagen: „Ja, das stimmt, denn meistens ist es ein langes Um-den-Brei-Herumreden. Ohne einmal klar zu sagen, worum es geht."

Oft bekomme ich zu hören: „Also dem muss ich jetzt wohl endgültig kündigen." Und wenn ich frage: „Ja, warum?", dann bekommt ich meist eine Antwort wie diese „Ja, weil der das und das und das nicht macht." Haben Sie ihm das denn gesagt? „Ja so deutlich noch nicht." Und dann wundert der sich auch noch!

Es gibt tatsächlich so wenige Gespräche, die wirklich nach dem Tenor laufen: „Pass auf, wir brauchen dieses und jenes von dir. Und wenn du das nicht lieferst, dann hat das folgende Konsequenzen ..." Letztendlich auch die letzte, dass wir so nicht weiter zusammenarbeiten. So klare Gespräche gibt es nicht. Und deswegen fängt für mich Kommunikation, um Botschaften zu transportieren, immer damit an, überhaupt erst einmal Erwartungen äußern zu können: Was möchte ich denn eigentlich von der Person? Das ist gar nicht einmal so trivial, wie es sich anhört, denn dafür muss ich ja erst einmal mir selbst ein klares Bild im Kopf gemacht haben: Was soll diese Person eigentlich tatsächlich leisten? Und dabei ist es auch wichtig, sich als Führungskraft bewusst zu machen: Nicht jeder Mitarbeiter ist eine eierlegende Wollmilchsau.

Die meisten Mitarbeiter kommen mit einer ganz bestimmten Erfahrung, mit einem gewissen Know-how und sollen das für eine Aufgabe einsetzen. Nun geht es aber auch noch darum, was du als Führungskraft damit machst, wie du diese Fähigkeiten bestmöglich einsetzt. Das ist wie ein Schlüssel-Schloss-Prinzip: Welcher Mitarbeiter passt zu welcher Aufgabe – und umgekehrt. Und welcher Mitarbeiter hat vielleicht das Potential, mit einer entsprechenden Entwicklung, auch einmal ganz andere Aufgaben zu lösen. Ist das Schloss erst einmal offen, braucht es verständlicherweise nur noch kleine Botschaften – und die kommen erfahrungsgemäß auch an.

Idealerweise schaffst du dafür auch noch ideale Bedingungen, unabhängig ob die Botschaften intern oder extern, nur einem Mitarbeiter, dem ganzen Team oder Partnern außerhalb des Unternehmens, verkündest. Je nach Thema kann das die quirlige Entwicklung sein, die produktive Fertigung oder auch das stillere Gespräch in einer ruhigen Umgebung. Sozusagen in einem sicheren Raum. Auch das richtige Zeitfenster spielt eine entscheidende Rolle.

Abhängig von den persönlichen Befindlichkeiten, kann der richtige Zeitpunkt für ein Gespräch ein ganz anderer sein. Die Gehaltserhöhung kurz vor Weihnachten kommt vielleicht gut rüber, wenn du jemanden feuern willst oder kündigen musst, ist es vielleicht nicht so geschickt, das am 23. Dezember zu machen. Die meisten Führungskräfte beherrschen diese Grundlagen zum Glück, sorgen für ein angenehmes Gesprächsklima mit einer Tasse Kaffee oder auch einfach mal der Runde um den Block. Das ist natürlich alles richtig. Und dabei handelt es sich auch um sinnvolle Hygienefaktoren. Aber worum es mir wirklich geht und was dir wichtig sein sollte, ist letztendlich die Neugier zu haben, wirklich verstehen zu wollen und zu können, warum die Dinge gerade nicht so sind, wie du sie erwartest. Denn keiner deiner Mitarbeiter – zumindest habe ich das noch nicht erlebt - macht mit voller Absicht jeden Tag einen schlechten Job. Die meisten wollen etwas leisten und ihren Teil dazu beitragen. Schließlich ist das nicht nur als Team, sondern auch für jeden Einzelnen so viel besser und schöner, wenn es zumindest einigermaßen rundläuft. **Geh also bitte davon aus, dass jeder erst einmal das Beste tut und gibt, was er in dem Moment kann**.

Und wenn ein Ergebnis vom Mitarbeiter zurückkommt, das dir nicht gefällt, bitte, hinterfrage dich auch selbst, ob du spezifisch genau mit Deiner Anweisung warst. Ich für mich lerne leider immer wieder – so viel ich auch weiß und so sehr ich mich bemühe: Passiert so etwas, liegt der „Fehler“ sehr sehr oft bei mir! Das Schöne daran – das kann ich am einfachsten ändern ;-)!

Wie auch immer – bei einem Ergebnis oder einer Verhaltensweise, die Dir nicht gefällt, die geändert werden sollte (aus deiner Perspektive) ist das Einzige, das helfen kann, ein Gespräch. Eines, das mit dem gemeinsamen Problembewusstsein (siehe vorheriges Kapitel) startet. Doch dafür bedarf es einer offenen Kommunikation – und dazu machen wir jetzt gemeinsam einen kurzen Ausflug in die Welt der Transaktionsanalyse (nach Eric Berne.)

Diese geht u.a. von zwei Verhaltenszuständen aus:

Okay – und nicht okay.

Ich kann also mit mir im Reinen sein, denken, dass ich Recht habe und fühle mich „okay“. Oder eben nicht – dann bin ich eben „nicht okay“.Gleiches Urteil bilde ich mir über mein Gegenüber.

Daraus lassen sich 4 „Schubladen" ableiten, aus denen heraus ich agiere:

+/+ Ich bin o.k. und du bist o.k.

+/- Ich bin o.k. und du bist nicht o.k.

-/+ Ich bin nicht o.k. und du bist o.k.

-/- Ich bin nicht o.k. und du bist auch nicht o.k.

Abbildung: Ich bin o.k. – du bist o.k.

Das ist jetzt das, was bei mir im Inneren vor sich geht. Das Gleiche gilt für dich – oder dein Gegenüber – allerdings auch. Der hat ja diese vier Verhaltenszustände ebenfalls.

Was passiert, wenn wir beide in dem Zustand sind: Ich bin nicht o.k. und du bist auch nicht o.k.? Wir jammern uns die Ohren voll. Aber wir verstehen uns dabei gut, weil, wir finden ja beide, dass das nicht geht. Oder wir beschimpfen uns wie die Kesselflicker, geht auch. Aber haben wir beide etwas davon? Fühlen wir uns damit wohl? Nein! Oft kommt dann auch die Antwort: Ja also minus und minus ergibt doch wieder plus. Klappt doch wunderbar. Hmm, mehr als „geht so" ist das für mich definitiv nicht.

Also wenn du aus dieser Haltung heraus mit einem Mitarbeiter sprichst und sagst: „Also da hast du aber echt Scheiße gebaut. Das ist ja alles Mist, was ihr da macht.", dann kommt es darauf an, in welcher Haltung er ist. Ist er ebenfalls in der Minus-Haltung, dann wettert er vielleicht entgegen: „Also sag mal, wie redest du eigentlich mit mir? Das ist ja wohl das Letzte." Und wir können Ewigkeiten diskutieren, wer denn nun was falsch gemacht hat. Der Streit wird eskalieren, bis wir ihn endlich abbrechen, aber es geht ziemlich lang, weil wir uns gegenseitig füttern.

Wenn du in einer „Du bist nicht o.k., aber ich bin O.k.-Haltung" bist, dann sagst du vielleicht: „Du ich habe dir doch schon so oft erklärt, dass/wie ... Warum nur klappt das nicht?" Auch dann können wir ganz lange miteinander kommunizieren, aber auf der Eltern-Kind-Ebene. In der Führung nicht wirklich hilfreich. Ändert sich dann bei dem Mitarbeiter irgendetwas, wenn ich so mit ihm kommuniziere? Nein!

Das heißt, die einzige Art und Weise, wirklich gut miteinander zu kommunizieren, ist, wenn wir beide im Ich-bin-o.k.-, Du-bist-o.k.-Part sind.

Jetzt bin ich ja als Führungskraft nicht für den anderen zuständig, aber ich bin für mich selber zuständig. Das heißt, ich bin derjenige, der bestimmen kann, wie läuft dieses Gespräch. Wenn ich der felsenfesten Überzeugung bin, der Mitarbeiter hat da echt Scheiße gebaut und das macht der immer. Und nie passt der auf, was ich ihm sage, sonst hätte der das ja schon seit Wochen nicht mehr gemacht, weil, ich habe ihm das ja schon 23-mal gesagt.

Gehe ich so in ein Gespräch rein, dann kannst du dir vorstellen, was passiert. Das Gleiche passiert aber auch, wenn ich das zwar nur denke, aber versuche, trotzdem nett in dieses Gespräch reinzugehen. Also ich verstehe ja gar nicht, warum du das nicht gemacht hat. Ich habe dir das ja schon 23-mal erzählt. Und du hast ja auch

23-mal dazu genickt. Und ich möchte, dass du das jetzt ab sofort wirklich so machst.

Nein, es wird sich nur etwas ändern, wenn ich sage: „Mensch Martin, ich habe da echt ein Thema auf dem Herzen. Ich habe das Gefühl, ich habe es dir so oft gesagt, aber du machst es anders. Was ist los?" In dem Augenblick fühle ich mich in Ordnung. Ich sage: Hallo, ich weiß, wie es geht. Ich habe es dir gesagt. Wir haben darüber geredet. Du hast es nicht gemacht. Aber ich gebe dir auch das Gefühl, nein, irgendetwas wird ja dahinter sein, dass du das nicht machst. Erkläre es mir, damit wir gemeinsam schauen, wie es weitergeht.

Aber Achtung: So leicht das aufgeschrieben ist und sich liest, so schwer ist es, zunächst einmal in diese Haltung zu kommen. Und das Ganze dann auch im Gespräch umzusetzen. Schließlich sind wir Menschen Gewohnheitstiere und fallen nur allzu schnell – vor allem wenn Emotionen dazukommen – in alte Verhaltensmuster zurück.

Ich sage mal, viele Führungskräfte sind sicher selbst in einer „Ach-ich-bin-eigentlich-ganz-o.k.-Haltung". Die Frage ist nur, wie schaffst du es, wenn du es dem Typen doch schon so oft erzählt hast, trotzdem in eine „Er-ist-auch-o.k-Haltung" reinzukommen?

Das ist nun schon etwas komplizierter – aber keine Angst, auch das kannst du schaffen. Wichtig dafür ist es, deine Meinung, deine Gedanken zu/über die Person zunächst einmal auf Stimmigkeit und Nützlichkeit zu überprüfen. Dafür gibt es wiederum ein schönes einfaches Konzept, das du mit etwas Übung alleine hinbekommst. Entwickelt wurde es von Byron Katie und nennt sich TheWork. Ich ändere hier lediglich ein wenig die Reihenfolge – mir erschließt sich der Ablauf so besser und ich hoffe, auch für dich passt es dann.
Nehmen wir das Beispiel: Max kommt immer zu spät. Du hast es ihm schon mehrfach gesagt und ihn gemahnt, doch bitte pünktlich

zu sein, er ändert aber nichts daran. So langsam wirst du echt sauer, denn du hast das Gefühl, Max nimmt dich nicht ernst. Wir beginnen mal mit der **Nützlichkeit** dieses Gedankens.

Was meinst du, wie du in ein Gespräch reingehst, wenn du dieses Gefühl hast / diesen Gedanken denkst? Kannst du dir das vorstellen? Viele regen sich schon jetzt über Max auf. Der Blutdruck steigt an. Der Hals schwillt zu. Bei dir auch?

Du hast Max auf jeden Fall im „er ist nicht okay"-Status, richtig?

Jetzt fühle mal in dich rein – dieselbe Situation, aber du hast NICHT den Gedanken, Max nimmt dich nicht ernst. Dein Blutdruck bliebe normal. Dein Schlucken wäre weiter unverkrampft. Und bestenfalls könntest du Max einfach fragen: „Hey Max, was ist los? Wieso schaffst du es nicht, so pünktlich zu sein, wie ich es gerne hätte?" Merkst du, was passiert? Automatisch rutscht Max für dich in ein „er ist okay"-Gefühl rein. Die Neugierde ist da. Und damit die Offenheit gegenüber Max, positiv in das Gespräch reinzugehen. Damit wäre bereits die Grundlage für ein gutes Gespräch gelegt, das ja, wie wir mittlerweile wissen, ein +/+ Gefühl benötigt.

NÜTZLICH ist der Gedanke „Max nimmt mich nicht ernst" also eher nicht.

Schauen wir nach der **Stimmigkeit**.

Kannst du sicher sein, dass du recht hast? Also bist du dir sicher, dass Max dich nicht ernst nimmt? Hm – vielleicht sagst du hier noch: JA. Ich habe recht! Dann kommen wir zur zweiten Frage: Kannst du mit 100%-tiger Sicherheit sagen, dass du recht hast? Immer? Absolut? Wahrscheinlich kommst du spätestens hier ins Zweifeln. Immerhin hört er dir ja doch oft zu und tut, was du sagst?

Wir gehen dann in die Umkehrungen – und sehen, ob nicht vielleicht auch diese „richtig", also stimmig sein könnten.

Eine beliebte Umkehrung zu „Max nimmt mich nicht ernst“ ist „Max nimmt mich ernst“.

Suchen wir also Beispiele dazu. Gibt oder gab es Situationen, in denen das richtig war? Sicherlich fällt dir das eine oder andere dazu ein: Er übernimmt die Aufgaben, die ich ihm zuweise. Er geht den Weg, den ich ihm zeige. Er spricht sich mit den Mitarbeitern ab, wie von mir gewünscht. Er bleibt so lange, bis er seine Aufgaben erledigt hat ... Und je länger ich nachdenke, desto mehr dieser Beispiele werde ich finden. Eine weitere Umkehrung wäre aber auch: „Ich nehme Max nicht ernst.“

Könnte auch hier etwas Wahres dran sein? Vielleicht habe ich ihm gar nicht zugehört, wenn er Verbesserungsvorschläge gemacht hat? Bin auf seine Anmerkungen nicht eingegangen? Oder vielleicht habe ich ihn einfach noch nie gefragt, warum er denn zu spät kommt? Meist „ertappe“ ich mich dann dabei, dass auch die Umkehrungen richtig sind.

Fasse ich das alles aber zusammen, stelle ich fest: Zumindest weiß ich nicht, ob Max mich nicht doch ernst nimmt – und gut ist der Gedanke für das Gespräch mit ihm auch nicht. Bin ich an diesem Erkenntnispunkt angekommen, kann ich sehr leicht ein gutes Gespräch mit Max führen - aus einer eigenen +/+ Haltung, die meist sehr schnell zu einer ebensolchen Antworthaltung bei Max führt.

Ich wünsche euch viel Erfolg bei diesen Gesprächen.

Wenn du hier tiefer einsteigen möchtest (und das kann ich dir nur wärmstens ans Herz legen), kannst du dich natürlich gerne vertrauensvoll an mich wenden – oder aber du besuchst erst einmal die Webseite von Byron Katie. Dort findest du viele Arbeitsblätter, die dir bei eurem Selbststudium helfen werden. www.thework.com – die Sprache ist beliebig einstellbar, auch auf Deutsch ist alles vorhanden.

3. Führung Remote

Manche Dinge, die passieren, verändern unser Leben entscheidend und oft nachhaltig. Persönliche Schicksalsschläge gehören ebenso dazu wie gesellschaftliche Entwicklungen. Eine solche Entwicklung haben wir alle in der Corona-Pandemie erlebt: Den Rückzug auf kleinsten Raum, das Distancing, das (Zusammen-)Arbeiten aus der Ferne – ein Leben sozusagen im Remote-Modus. Dadurch hat auch das Thema Führung in Unternehmen eine völlig andere Bedeutung bekommen.

Das Thema Homeoffice hat uns gezeigt, dass eine Führung, wie bisher, die sich allein über das Wörtchen Kontrolle verstanden hat, ausgedient hat. Ist ja auch schlecht möglich, eine Anwesenheitskontrolle durchzuführen, wenn man nicht mehr kontrollieren kann, wer wann an- oder abwesend ist. Wenn ich als Führungskraft nicht mehr sehe, wie „meine" Mitarbeiter arbeiten, von wann bis wann sie ihre Aufgaben erledigen, wann sie Pause machen, wer regelmäßig den Arbeitsplatz verlässt, um eine Zigarette zu rauchen etc. pp. All das gab es von einem Tag auf den anderen nicht mehr. Wenn ich Mitarbeiter im Homeoffice habe, muss ich ganz andere Mittel finden, diese zu motivieren – statt sie zu kontrollieren. Das braucht vor allem Vertrauen und manchmal auch ganz andere Wege. Gefragt sind dabei übrigens nicht nur die Führungskräfte, sondern auch die Unternehmen selbst, die prüfen müssen, wie passen unsere Geschäftsmodelle in die Gegenwart, vor allem aber auch in die Zukunft? Wie können wir sie anpassen? Wo sind wir schon gut aufgestellt, wo müssen wir dringend etwas tun? Sind unsere Produkte überhaupt noch etwas wert in der Zukunft?

Natürlich gab und gibt es immer auch Unternehmen, die in solchen Umbruchsphasen in ihrem Element sind. Weil bestimmte Branchen boomen – oder weil sie es extrem schnell schaffen, sich an neue Gegebenheiten anzupassen. Fakt ist: Das Gold von früher war Wissen, das Gold von heute ist Anpassungsfähigkeit. Das war und ist nicht nur in der Natur so, sondern auch in der Wirtschaft. Das gilt für Unternehmen und für Führungskräfte. Genau deshalb gibt es inzwischen starke Remote-Teams mit starken Führungskräften und starken Mitarbeitern, die gemeinsam eine starke Performance leisten – und dabei auch noch Spaß haben.

3.1 ES LEBE DIE VERÄNDERUNG

Gerade in den letzten zwei Jahren haben wir gemerkt, wie simpel, zugleich aber extrem schwer es ist, Veränderungen zu akzeptieren. Ja, sie nicht nur zu akzeptieren, sondern voll und ganz mitzutragen und mitzugehen. All das, wogegen wir uns in den vergangenen Jahren gewehrt haben. All das, was an Wünschen und Anforderungen an uns herangetragen worden ist. Bei deren Entwicklungen wir uns aber oft – ob bewusst oder unbewusst – geweigert haben. Manchmal fragt kein Mensch danach, was wir wollen oder nicht.

Digitale Transformation, Disruption, immerwährender Change. Und was passiert in Unternehmen? Was machen Führungskräfte? Sie setzen Prozesse neu auf! Sie verändern Strukturen.

Und hoffen, dass sich dann schon irgendwie alles in der schönen neuen agilen Welt einfindet und einlebt. Naja die Hoffnung stirbt ja bekanntlich zuletzt. Was dabei aber in jedem Fall stirbt ist die Führung. Denn entweder Führungskräfte erreichen die Herzen der Menschen oder Veränderung wird zu einem unüberwindbaren Hindernis.

Veränderungen sind schwierig – das merken wir gerade jetzt! Doch die Gesellschaft zeigt uns nur, was in Unternehmen schon lange der Fall ist: Führungskräfte sprechen von Herausforderungen, die es anzunehmen und Hindernissen, die es zu überwinden gilt. Sie berichten von Einschränkungen, die nur für eine bestimmte Zeit gelten – und dass hinterher alles besser wird.

Und die Mitarbeiter? Mitarbeiter wünschen sich vor allem eines: Führungskräfte, die bereit sind, das zu geben, was sie selber fordern. Es vor-zu-leben. Führungskräfte, die ein positives Beispiel sind. Führungskräfte, die vorangehen, statt Ansprüche zu stellen – oft eben nur an alle anderen. Willst du Mitarbeiter ins Boot holen, um zusammen das (rettende) Ufer zu erreichen, helfen zwei Fragen:

- „Wie erlebst du, dass der Change, die neue Kultur – oder was auch immer neu sein soll – in der Organisation, von jedem Beteiligten gelebt wird?
- „Wie sehr lebst du es selber?"

Ebenso traurig, wie immer wieder eine unumstößliche Tatsache ist, dass die Wahrnehmung von außen überwiegend und deutlich schlechter ausfällt als der Blick auf sich selbst. Der Einzelne denkt natürlich, bereits alles zu tun, was gefordert wird. Er ist davon überzeugt, es wirklich voll und ganz zu leben. Überzeugen Sie ihn mal vom Gegenteil! Und das möglichst ohne die geringe Motivation, die er eh nur hat, vollends zu vernichten. Gar keine leichte Aufgabe für Führungskräfte. Aber es hat ja auch keiner behauptet, dass Führung einfach wäre. Ein Beispiel verdeutlicht das: Wenn ich als Führungskraft in meinem Verständnis vollkommen offen bin, die von mir gelebte Offenheit aber nicht das ist, was andere – meine Mitarbeiter – unter diesem Wert verstehen, dann haben wir ein Problem!

Nein, das ist nicht nur eine Herausforderung. Und um das Problem zu lösen, fehlt uns ein – genau – offener Austausch. Eine offene Feedbackkultur. Eine gemeinsame Definition. Genau deshalb scheitert ein so hoher Prozentsatz der Change-Prozesse! Sie scheitern, weil Unternehmen nicht wissen, wie sie gemeinsame Standards finden und definieren. Weil keine Vertrauenskultur gelebt wird. Aber nur wer Vertrauen hat, kann Hindernisse überwinden.

Was dabei helfen könnte, wäre ein gegenseitiges (besseres) Kennenlernen. Das setzt natürlich Offenheit voraus. Auf beiden Seiten. Schwierig im Topmanagement mit ihren „Boygroups". Schwierig in den Führungsetagen mit ihrem Mainstream. Und ja, auch schwierig bei Mitarbeitern, die mindestens ebenso empfindlich reagieren auf alles, was anders ist.

Ja, es stimmt, Diversität führt zu Konflikten und damit können viele Menschen nicht gut umgehen. Und ja, wir tun uns schwer, Menschen, die anders sind, zu akzeptieren. Da ist der Rückzug vorprogrammiert. Aber in dem Augenblick, in dem wir grundsätzlich vertrauen und eine gute Feedbackkultur haben, können wir Unterschiedlichkeit zur Steigerung von Leistung nutzen, können wir aus der Diversität heraus Innovation und Kreativität erzeugen.

Werden wir uns also bewusst, dass andere einfach nur anders sind. Dass anders sein nicht besser oder schlechter heißt. Keine persönlichen Befindlichkeiten dahinterstecken und keine negativen Tendenzen. In dem Augenblick ist Offenheit da – Offenheit, tatsächlich in eine ganz andere Art der Auseinandersetzung miteinander zu gehen.

Plötzlich verstehen wir, dass jeder – unabhängig von der Position – auf seine Art das Beste gibt, das er derzeit geben kann. Dass es nicht auf persönlichen Animositäten beruht, wenn es zu einem Konflikt kommt. Dass, wenn man klare Regeln und eine Gesprächskultur nutzt, um das Problem positiv zu lösen, man eine höhere Veränderungsbereitschaft und andere Ergebnisse erzielt.

Dass Change sein muss, steht außer Frage! Aber können wir wirklich den Purpose, einen Sinn dahinter, griffig und klar formulieren? Dann haben wir einen Treiber, der im Idealfall mehr ist als in einem Unternehmen beispielsweise „wir machen damit mehr Umsatz".

Der Treiber muss die Herzen der Menschen erreichen. Ist das nicht der Fall, kann man Unternehmen, Organisationen oder einer Gesellschaft nur raten: „Vergesst den Change-Prozess! Etwas fehlt irgendwo. Irgendwas ist noch nicht zu Ende gedacht." Für jeden müssen letztendlich drei Fragen geklärt sein:

- ⇨ Was bleibt?
- ⇨ Was fällt weg?
- ⇨ Was kommt dazu?

Jetzt liegt es an der Führungskraft, mit jedem individuell zu erarbeiten und zu prüfen: „Okay, was hilft dir ganz speziell im Prozess?" und „Sind die Ängste gerechtfertigt oder nur Befürchtungen fern jeder Realität?" Selbst dann gilt es jedoch, die Sorgen, die Bedenken und die Trauer um das, was man liebgewonnen hat und nun loslassen muss, zuzulassen. Gleichzeitig aber auch die Freude zu verstärken auf das Neue, das kommt.

Das gilt zum Beispiel auch für den eigentlich ganz einfachen, individuellen Fall eines persönlichen Jobwechsels – vielleicht verbunden mit dem Umzug in eine neue Stadt.

Man wird auf vieles verzichten, was man hat und kennt: Die Nachbarn, die Freunde, das soziale Netzwerk, die langjährigen Ärzte, den Friseur. Je nachdem, wie die persönliche Bewertung dessen ist (wir Frauen tendieren zu hoher Loyalität gegenüber unseren Friseuren ;-)) bewerten wir den Wandel für einige Teile vielleicht als etwas Trauriges: Haben wir doch so ein gutes Verhältnis zu den Nachbarn gehabt. Oder etwas Positives: Endlich nerven die nicht mehr mit ihrem Gemecker!

Gleichzeitig wird es Dinge geben, die ich mitnehme – bestenfalls vielleicht meine Familie? Oder meine Wohnungsausstattung, meine Lieblingsbilder? Aber vielleicht auch das alte Auto, weil ...? Auch hier hängt es an meiner Bewertung, wie ich es empfinde. Selbst wenn ich mich (im besten Fall selbstbestimmt) auf zu neuen Ufern mache – vielleicht wegen des absolut einmaligen, attraktiven Jobangebots, die Verantwortung, die ich immer übernehmen wollte, das Gehalt, von dem ich geträumt habe, Wechsel der Branche, die mich fasziniert ... Und doch muss ich akzeptieren, dass mein Büro jetzt vielleicht ein Großraumbüro ist oder mein neuer Kollege immer so laut telefoniert ...

All diese Dinge sind in meinem Kopf – und nur ich weiß, ob sie auf mich positiv oder negativ wirken, nur ich kann die Auswirkungen auf mich bewerten. Sind diese Veränderungen nun sogar von außen induziert – wieviel schwerer fallen mir dann die Dinge, die ich ja nie haben wollte? Das muss ich als Führungskraft wissen, um den Mitarbeiter mit seinen Sorgen und Nöten richtig adressieren zu können.

Ganz wichtig ist dabei das Verständnis, dass nicht jeder auf alles gleich reagiert. Dass Nachrichten unterschiedliche Gedanken und Emotionen triggern. Um dahinterzukommen, um meine Mitarbeiter besser zu verstehen – und eigentlich als wunderbares Hilfsmodell für jedes Team eignet sich das sogenannte ORID-Modell, in dem Konversation anhand einer Serie von strukturierten Fragen abläuft:

O steht dabei für Objective,
R für Reflective,
I für Interpretive und
D für Decisional.

An erster Stelle stehen also objektive Fakten: Was hast du gerade gehört? Was hast du gesehen? Was hast du gelernt? Darauf folgt die persönliche Reflexion: Was fühlst du? Wie kommt das Gesagte bei dir an? Was macht das mit dir? Wie geht es dir damit? Sowie die Interpretation: Gibt es mögliche Handlungsalternativen? Um abschließend eine Entscheidung zu treffen: Was tust du jetzt damit? Allein, wenn wir diese vier Schritte nutzen, diese Fragen individuell oder in einem Team beantworten ließen, wären wir alle auch schon sehr viel weiter in jeder Veränderungskultur.

Apropos Kultur ... Kommen wir noch einmal zurück auf die Vielfältigkeit, die uns auch in Veränderungs-Prozessen hilft: Andere Kulturen und Religionen, verschiedene Geschlechter, ein Generationenmix und damit Aspekte, an die wir oft gar nicht denken. Unterschiedliche Branchen finden sich in Think Tanks. Mit anderem Wissen und anderem Gedankengut kann man natürlich auch gleich ganz anders agieren – oder auch „nur" freier denken.

Ja, wir müssen freier werden! Wir müssen, und da meine ich wirklich müssen, diverser werden. Obwohl es den schönen Spruch gibt: „Müssen macht müde, Wollen macht wach." In dem Augenblick, in dem Unternehmen etwas anderes zulassen, in dem Führungskräfte anders führen, werden Mitarbeiter auch mit Veränderungen anders umgehen.

3.2 HOME-OFFICE, VIRTUELLE REALITÄT UND CO.

Ein Thema hat uns in den letzten zwei Jahren im Unternehmensumfeld sehr bewegt. Zum einen, weil plötzlich vieles möglich war, was vorher gerade von vielen Führungskräften kategorisch abgelehnt wurde. Zum anderen, weil der lang erhoffte Schritt bei Mitarbeitern nach der Umsetzung doch Zweifel hat aufkommen lassen. Die Rede ist vom umkämpften und umschwärmten, vom geliebten und gehassten Homeoffice. Führen-vor-Ort kontra Remote-Work. Die Perspektiven sind ebenso vielfältig wie die Meinung dazu, und das sowohl bei den Mitarbeitern als auch bei den Führungskräften.

Für mich ist das Modell der Zukunft, sofern es denn überhaupt eines gibt, ein hybrides Modell. Das heißt für viele Mitarbeiter wird es nicht mehr komplett ins Office zurückgehen. Es wird aber – zumindest für die meisten Mitarbeiter – auch nicht zu 100 Prozent auf Remote hinauslaufen. Statt eines starren Systems, wird es in den überwiegenden Fällen und Unternehmen wohl irgendetwas dazwischen geben. Wir sind also mitten im New Normal.

Das Alte wird es nicht mehr geben. Mitarbeiter haben in der Pandemie gelernt, dass die alte, auf Kontrolle basierende Führungskultur, die davon überzeugt war, dass Arbeit nur im Büro möglich ist, nicht mehr hilfreich ist. Ausreden gegen Homeoffice und dass Arbeit eben nur vor Ort sinnvoll ist, gab es im Vorfeld ja genügend. Diese Ausreden lassen Mitarbeiter heute nicht mehr gelten – immerhin ein Vorteil der Pandemie.

Mitarbeiter und Führungskräfte haben inzwischen gelernt, was alles im Homeoffice geht. Was virtuell alles möglich ist. Natürlich keine physischen Dienstleistungen wie das Friseurgewerbe oder klassische Massagen. Und auch das Auto werden wir immer noch selbst in die Waschstraße fahren müssen und dort werden es die

Hände der Mitarbeiter vorbereiten beziehungsweise am Ende die letzten Tropfen von Hand mit einem Trockenleder wegwischen.

Aber in vielen Unternehmensbereichen, von der Strategieabteilung bis hin zum Betriebsrat, dem Datenschutz, Controlling oder der IT, in denen die menschlichen Begegnungen im Team oft vorgeschoben wurde, um keine Arbeit von zuhause aus zu ermöglichen – da haben die Mitarbeiter keine Lust mehr darauf. Wir haben alle gelernt, dass es geht. Und was möglich ist. Auf Seite der Mitarbeiter und auf Seite der Führungskräfte. Jetzt müssen wir nur noch das Beste daraus machen!

Für Führungskräfte ergibt sich in diesem Umfeld aber auch noch eine ganz andere Herausforderung. Stellen wir Mitarbeitern die Frage, was das Schlimmste wäre, was sie am meisten befürchten, wenn es um die fortschreitende Digitalisierung geht und was dadurch passieren könnte, lautet die Antwort häufig: Es ist die Angst, die Menschlichkeit zu verlieren. Wir befürchten, dass es beispielsweise durch KI bald überhaupt keine Balance mehr gibt zwischen uns als menschlichen (und bekanntermaßen unperfekten) Wesen und der (so viel perfekteren) „Natur" der Technologie, dass die Vercomputerisierung und Verdigitalisierung den Menschen einfach irgendwann ablöst.

Willst du als Führungskraft die Mitarbeiter in Zukunft mitnehmen, musst du diese Ängste berücksichtigen. Und dafür gibt es einige Möglichkeiten und Strategien, an denen wir schon jetzt arbeiten sollten, um der zunehmenden Digitalisierung immer wieder einen Konterpunkt zu setzen – mit unserer Menschlichkeit. Denn genau die wird gebraucht, um technische Lösungen sowohl zu entwickeln als auch umzusetzen. Wir brauchen Experten – und zwar nicht nur einzelne, sondern deren Zusammenwirken, um den immer mehr werdenden komplexen Strukturen (wie im Cynefin-

Framework beschrieben), beispielsweise in der zunehmenden Technisierung und Technologisierung, gewachsen zu sein.

Eine Idee ist es, Orte festzulegen und zu gestalten, an denen man sich bewusst persönlich trifft, also eine Balance zwischen digitalen und menschlichen Berührungspunkten zu schaffen. Eine Vernetzung über Plattformen im Internet oder Social Media, die zum persönlichen Kennenlernen oder gemeinsamen Tun aufrufen, kennen wir beispielsweise von Dating-Portalen oder Hobby-Netzwerken/Gruppen. Wichtig ist es dabei, Skills in beide Richtungen auf- und auszubauen, also sowohl die Fähigkeiten, mit der Technik umzugehen, aber auch Kompetenzen, um nicht vollkommen von der Technologie abhängig zu sein.

Dabei kann uns die Digitalisierung gute Dienste leisten – wenn wir die Zeitersparnis, die wir durch sie gewinnen, für mehr menschliche Interaktion einsetzen. Ja, die Technologie wird zum Ermöglicher, aber wir Menschen bleiben die Gestalter. Nutzen wir die kommenden Jahre also, um die Diskussion zur Digitalisierung immer wieder zurück zum Menschen zu führen. Dann können wir uns nicht nur behaupten, sondern werden gemeinsam weiterwachsen, uns sozusagen technisch und menschlich transformieren. Bleiben wir als Menschen also bitte immer in Verbindung!

3.3 ORGANISIERTES CHAOS

Nicht alles geht remote – das haben wir feststellen müssen, manchmal schmerzlich selbst erlebt und daraus gelernt. Wie chaotisch liefen manchmal doch die ersten virtuellen Besprechungen ab: Nicht jeder war im richtigen Meetingraum, die Kamera blieb meistens ganz aus und das mit dem Mikrofon lief zugegeben auch eher, sagen wir mal suboptimal. Chaos pur! Und es bedurfte durchaus einiger Zeit, bis wir uns aus der virtuellen Deckung trauten. Plötzlich waren in den Meetings immer mehr Gesichter zu sehen, Stimmen wurden laut, die man zuvor nicht gehört hatte – und manchmal nahm man sogar auf diesem Wege bestimmte Team-Mitglieder erst einmal wahr.

Ein entscheidender Faktor bei dieser Entwicklung waren natürlich die Führungskräfte. Ja entspannter und zugleich zielstrebiger diese vorgingen, umso leichter konnten sich auch Mitarbeiter auf die neuen virtuellen Wege einlassen. Und was haben wir nicht alles bewegt in dieser Zeit. Wir haben uns tatsächlich auf so viel Neues eingelassen. Schließlich blieb uns ja auch gar nichts anderes übrig, also blieben (zum Glück) auch unnötige Diskussionen aus. Auch wenn nicht alles virtuell geht – oder vielleicht auch nur anders, wie ich selbst in dieser Zeit feststellen musste.

Neben der klassischen und täglichen Remote-Führung gibt es natürlich immer auch Bereiche, in denen Führungskräfte – zum Teil zusammen mit Trainern und Coaches wie mir – virtuell tatsächlich ganz neue Erfahrungen sammeln mussten. Ein Beispiel dafür, wo es deutlich schlechter oder zumindest nicht mehr so wie früher geht, sind Teamentwicklungsmaßnahmen. Und auch ich habe lange gedacht, Teamentwicklung geht nicht online.

Wenn wir dabei natürlich an ein klassisches Format, wie es früher (also vor Corona) war, denken, dann ist das schwer umsetzbar. Erinnert ihr auch noch? Wir alle zusammen auf einem Berg; miteinander allein in einer Hütte. Wir bauen ein Floß. Wir machen einen Workshop, setzen uns zusammen und reden über das, was bei uns im Team los ist. Da hat man sich dann zwei, drei Tage zusammengerauft. An einem schönen Ort, weit weg vom Büro, raus aus der täglichen Arbeit – da konnte man sich sehr leicht auf das Szenario einlassen, in die Atmosphäre, in dieses Team sozusagen reinfallen lassen. Auch, wenn es natürlich auch dort Unterschiede bei den einzelnen Beteiligten gab. Wenn ich versuche, das 1:1 einfach nur virtuell zu machen, dann geht das natürlich nicht. Punkt.

Heißt das jetzt, dass ich – rein virtuell – keine Teammaßnahme mehr machen kann? Nein. Das heißt es nicht. Ich muss einfach nur umdenken. In der Führung und im begleitenden Coaching. Ich muss überlegen: O.k., wenn jetzt diese Komponente des Sich-Reinfallen-, des Los-Lassens nicht mehr da ist, wenn diese Atmosphäre, diese Aura, die sich in einem Raum aufbaut, nicht mehr möglich ist, was kann ich stattdessen dem System hinzufügen, damit am Ende doch eine gute Teamentwicklungsmaßnahme herauskommt.

Das Thema „virtuell" bringt in diesem Beispiel ja auch Vorteile und birgt Chancen: Keiner muss reisen. Alle haben deshalb für die eigentliche Teamentwicklung mehr Zeit. Ich muss die Maßnahme dann vielleicht gar nicht gebündelt auf zwei oder drei Tage legen, sondern kann die gleiche Zeit nehmen und sie in kleineren Bruchstücken nutzen. Und damit den Prozess ganz anders anfeuern. Einen Prozess, in dem ich für die Mitarbeiter, gerade diejenigen, die vielleicht nicht so gut miteinander können, kleine Arbeitspakete schnüre und sie ihnen als Hausaufgabe mitgebe.

Die Möglichkeit, einzelne Teilnehmer in spezielle Meeting-Rooms einzuteilen oder zu sagen, ihr organisiert das später dann bitte selbst, sind Dinge, die für jeden Einzelnen, das Team und natürlich auch die ganze Firma sehr zielführend sind. Aufgabe der Führungskraft ist es – wie bisher auch, nur jetzt in einem anderen, virtuellen Umfeld – diesen Prozess zu begleiten. Beobachtet die Führungskraft das Ganze und jeden Einzelnen – im Sinne von, was lief gut, was lief schlecht –, dann kann sie (mit Unterstützung eines Coaches) eine Teamentwicklungsmaßnahme auch so gut auf die Beine stellen. Bei anderen Sachen ist das durchaus schwieriger. Definitiv nicht wirklich gut lassen sich beispielsweise tiefgehende Konflikte in der virtuellen Welt lösen. Also wenn du als

Führungskraft zwischen zwei Mitarbeitern einen Konflikt hast und diesen als Mediator begleiten sollst, oder auch selbst direkt mit einer anderen Person einen Konflikt lösen möchtest, wirst du schnell merken, dass es da Remote Grenzen gibt. Es fehlt die Körpersprache, es fehlt die Atmosphäre, es fehlt die Energie, die vom anderen ausgeht, die du lesen musst. Und die unser Körper unbewusst und fast automatisch aufnimmt. Da können wir uns gar nicht dagegen wehren. Das ist eine Ebene, die fehlt uns, wenn wir nur zweidimensional, also virtuell über den Bildschirm miteinander kommunizieren.

Auch ein richtig gutes Brainstorming ist eher schwierig. Damit ist nicht ein 20 Minuten „lass uns mal eben aufschreiben, worum es geht, und ein paar spontane Ideen sammeln“ gemeint. Davon spreche ich nicht. Dafür gibt es mittlerweile viele intelligente Kollaborationstools im Internet. Das geht. Aber wenn du dich wirklich zusammensetzen musst, um die Organisation weiterzuentwickeln, dir neue Geschäftsmodelle auszudenken – dann behaupte ich, dass durch die menschliche Nähe in einem Raum, die Atmosphäre von Innovation, mehr passiert, als es an einem Bildschirm möglich ist. Manchmal ist der Output eben doch größer als der Input, wenn man sich spüren und riechen, also mit allen Sinnen erleben kann.

Natürlich gibt es immer Mittel und Wege. Und ja, mit bestimmten Methoden und Prozesses kann man als Führungskraft so einiges steuern. Natürlich geht alles auch virtuell. Wenn man beherzigt, dass alles eine bestimmte Zeit braucht. Und man nicht nur versucht, das Herkömmliche analoge einfach 1:1 virtuell umzusetzen, sondern die neuen Methoden auch nutzt, bereit ist zu lernen und die Prozesse ständig zu verbessern. Dann geht sehr, sehr viel. Aber nichtsdestotrotz fehlt mir persönlich die menschliche Nähe sehr. Das ist etwas, was ich glaube, was wir jetzt alle merken:

Letztendlich sind wir Rudeltiere. Wir brauchen andere Menschen um uns rum.

Wieder mal in einem Büro zu sitzen und mitzubekommen, dass die anderen genauso arbeiten, das hat vielen Mitarbeitern gefehlt. Dieser kleine Smalltalk auf dem Gang oder an der Kaffeemaschine. Dieser kleine Austausch – und wenn es nur ein Augenkontakt ist – über den Bildschirm hinweg, wenn man gerade mitkriegt, dass der andere sich kaputtlacht, ein tolles Telefonat mit einem Kunden hatte ... oder, oder, oder. Das ist halt genau der Part an menschlicher Nähe, die remote verlorengeht. Wir kennen das ja auch in der schriftlichen Kommunikation. Da wird zwischen den Zeilen gelesen, manchmal viel hineininterpretiert und es ist gut möglich, dass so Konflikte entstehen oder sich sogar aufstauen.

Mir wurde in den vergangenen zwei Jahren oft die Frage gestellt, ob es in der virtuellen Zusammenarbeit mehr oder ein höheres Konfliktpotential gibt. Ich glaube, das ist so persönlich, wie jeder Mensch individuell ist. Das „Schöne" an dieser virtuellen Welt ist, dass man natürlich Konflikten auch sehr viel besser ausweichen kann. Man ist ja nicht mehr mit der persönlichen Nähe konfrontiert. Dieser Abstand kann Vorteile haben, aber nur wenn vor allem Führungskräfte das dann auch nutzen.

Der räumliche Abstand bewirkt zugleich einen emotionalen Abstand. Wenn man diesen emotionalen Abstand nutzen würde, könnte man beim nächsten persönlichen Aufeinandertreffen – nach allen gängigen Mediationsansätzen – einfach sagen: „Das lief in der Vergangenheit mit uns ja nicht so gut. Jetzt lass uns – mit etwas Abstand – doch mal gucken, was ist denn da eigentlich passiert und wie stellt sich die Situation heute für uns beide dar." Voraussetzung ist, dass man die Trennung von Position und Interesse beim Aufeinandertreffen gut miteinander be- und verhandelt. Dann wäre in der Führung sehr viel gewonnen und die emotionale

Distanz, die sich virtuell aufgebaut hat, könnte analog nicht nur gelöst, sondern auch langfristig für alle Beteiligten als Lösungsmöglichkeit genutzt werden.

Ob und inwieweit Führungskräfte das erkennen und anwenden bzw. auch Mitarbeiter untereinander, liegt grundsätzlich daran, wie jeder selber tickt. Bist du ein Typ, der keinen Konflikt scheut, der in jeden Disput direkt reingeht, wirst du deine Kämpfe auch virtuell auf der persönlichen Ebene durchaus ausgefochten haben. Bist du eher der ruhige, abwartende Typ, der Dinge aussitzt, dann wirst du dich vielleicht eher auf die Sachebene zurückgezogen haben. Jeder sucht entsprechend seinem Typ und den eingebundenen Menschen, einen anderen Umgang und nutzt sicher auch unterschiedliche Methoden. So gesehen glaube ich nicht, dass es remote mehr oder weniger Konflikte gab oder geben wird. Ich glaube aber schon, dass der Umgang damit in der virtuellen Welt, zumindest wenn uns diese auf Dauer erhalten bleibt, anders sein wird.

Distanz hat für die Führung durchaus auch Vorteile. Das hängt immer ganz davon ab, wie es der einzelne sieht, wie es bestimmte Situationen betrachtet, wie er „tickt". Wenn du jemand bist, der sagt: „Oh, mein Gott, dieses und jenes funktioniert nicht, das habe ich nicht, dann siehst du nur die Probleme." Wenn du hingegen sagst: „Wow, dadurch habe ich die emotionale Distanz und kann sogar besser agieren.", dann hast du einen Vorteil.

Wenn du es schaffst, beide Perspektiven oder möglicherweise noch die 25 anderen, die man auch noch haben kann, zusammenzufügen, dann hast du ein umfassendes Bild. Und letztendlich glaube ich, es gibt per se kein Gut oder kein Schlecht, jedenfalls nicht in der Betrachtung dieser Sache. Was es gibt, ist ein Erkennen und dann mit dem, was ich habe und wo ich jetzt stehe, Umgehen oder ein unbewusst wieder in (alte) Situationen Reinschlittern. Führungskräfte, die unbewusst jetzt einfach wieder back-to-old-life gehen, sollten sich aber bitte nicht wundern, dass andere nicht mitziehen oder umgekehrt. In dem Augenblick, in dem du als Führungskraft diesen Transfer, der gerade stattfindet, nicht bewusst steuerst, wirst du in Zukunft (noch mehr) Probleme bekommen. Der Grund dafür liegt auf der Hand: Die Menschen haben diese Zeit komplett unterschiedlich verbracht haben und erlebt.

Auch wenn die Männer durchaus mehr in die Verantwortung gegangen sind, einfach, weil es sein musste, gibt es doch häufig ähnliche Situationen: Mütter, Job, Homeschooling, gegebenenfalls noch enge Wohnsituation mit wenig Platz für einen geordneten, eigenen Arbeitsplatz. Viele haben da mehr oder weniger auf dem Bett gearbeitet, auch wenn sie versucht haben, das zu vermeiden. Aber manchmal war in der Wohnung einfach kein anderer Platz, um in Ruhe telefonieren zu können. Dann gibt Paare, viel Platz, Doppelverdiener, die sich einfach freuen, dass sie den langen Pendlerweg zur Arbeit nicht mehr haben. Oder erfolgreiche Singles, bei denen sich im Leben nicht viel verändert hat, weil sie sowieso eher introvertierte Menschen sind, die abends selten ausgehen und dafür ihre ein, zwei Freunde eben virtuell oder one-to-one getroffen haben.

Also es gab und gibt alles, von Hochbetroffenheit bis zu Niedrigbetroffenheit. Und wenn ich als Führungskraft einfach wieder zurückgehe, statt vorwärts ins Neue. Wenn ich nicht wahrhaben will, dass wir alle diese Zeit höchst unterschiedlich – als starke Belastung auf Stufe 10 oder eher geringe Belastung auf Stufe 2 – empfunden haben. Wenn ich mir das als Führungskraft nicht sehr bewusst klarmache, dann ist Chaos vorprogrammiert. Dann sind unzufriedene Mitarbeiter unvermeidbar. Dann erfüllt Führung nicht das, was sie soll: den Menschen Ordnung und Sicherheit zu vermitteln.

3.4 SELBSTFÜHRUNG UND SELBSTBEWUSSTHEIT

Wir Menschen sind eigentlich ab dem 35. Lebensjahr „fertig“. Bis zu diesem Zeitpunkt haben wir unsere Intuition geschult. Die Entwicklung unserer grundsätzlichen Persönlichkeit ist erst einmal beendet. Unser Selbst definiert durch die Summe der Erfahrungen, die wir bis zum 35. Lebensjahr gemacht haben. Danach ist unser Gehirn sozusagen mehr oder weniger fertiggestellt. Es kann sich zwar wieder reformieren, das ist heutzutage aus der Neuroplastizität bekannt. Aber die grundlegenden Dinge, das also, woraus und wie wir Entscheidungen treffen, ist in uns angelegt. Das heißt aber auch, dass wir ab diesem Zeitpunkt überwiegend im Autopiloten unterwegs sind.

Der Autopilot kostet halt nicht so viel Energie. Und er kann alles und jedes, was passiert, ganz schnell erklären und bewerten. Schließlich sind wir unser Standard. Also ich bin für mich 100 Prozent normal. Alles, was nicht ich ist, ist erst einmal anders. Da ich meine Verhaltensweisen am besten kenne, kann ich mich natürlich auch bestenfalls ganz gut verstehen – und andere erst einmal nicht, weil die ja zum Teil anders ticken. Und wenn die anderen anders ticken, muss ich erst einmal sehen, wo stehe ich eigentlich?

Man kann das ganz gut am Beispiel Introvertiert und Extrovertiert (wir kommen dazu noch einmal etwas ausführlicher in Kapitel 4) erklären. Wenn ich genau ausgewogen bin, balanciert zwischen intro- und extrovertiert, dann kann ich mich sowohl auf eine introvertierte Person einlassen, finde die vielleicht noch ein bisschen ruhig, aber kann wunderbar mit der schnacken. Aber mit einer extrovertierten auch. Bin ich ein 100 Prozent Extrovertierter, denke ich von dem Introvertierten: „Oh mein Gott, was für eine

Schnarchtüte!" Und bin ich ein 100 Prozent Introvertierter, denke ich von dem Extrovertierten: „Was für eine Labertasche!"

Wenn ich weiß, dass ich total auf der 100- oder vielleicht 80-90 Prozent-Seite bin, kann ich mich hinterfragen. Nur dann kann ich das langsame Denken (Daniel Kahnemann beschreibt den Unterschied zwischen schnellem und langsamem Denken bzw. welchen mentalen Mustern wir folgen, um uns gegen Fehlentscheidungen zu wappnen, in seinem gleichnamigen Buch „Schnelles Denken, langsames Denken") einschalten und sagen: „O.k., nur weil der so reagiert, ist das jetzt ein Langweiler oder liegt das nur an meinen Erfahrungen und der eigenen Erwartungshaltung?" Und genau damit fängt es an: Egal welche Interaktion ich mit einem Menschen habe, und das gilt nicht nur in der Führung, sondern in jeder Beziehung, die ich im Leben habe, sei es zum Partner, zu den Eltern, Kindern oder Geschwistern, oder sei es zu Freunden. Der erste und entscheidende Schritt ist erst einmal, sich selbst zu kennen. Das hat noch nichts mit der Selbstführung zu tun. Ich rede erst einmal nur vom Kennen.

Zur Selbstführung gehört für mich noch unendlich viel mehr. Neben der Selbsterkenntnis erst einmal die Selbstakzeptanz: „O.k., so bin ich und ich stehe jetzt genau hier im Leben." Ich muss das nicht unbedingt gut finden. Ich kann sagen: „Ich würde lieber dort stehen." Aber ich muss erst einmal akzeptieren, dass ich da, wo ich hinwill, noch nicht bin, sondern dass es ein Weg ist. Und dann kann ich mich a) auf den Weg machen und b) mich selber führen.

Nach der Selbstkenntnis kommt also für jeden von uns, ob Führungskraft oder Mitarbeiter – die Frage: Wo ist mein Weg? Wenn ich jetzt mal im Großen denke und nicht klein bleibe, gehören da für mich die Themen Purpose, Value und Vision dazu. Also was treibt mich eigentlich an? Weshalb bin ich da? Was ist der Sinn meiner Existenz? Wofür bin ich hier? Was ist der Zweck meines

Lebens? Welchen Anteil an Fortschritt kann ich der Welt geben? Was sind meine Werte?

Meine Werte beschreiben letztendlich das Spielfeld, auf dem ich spiele. Und je nachdem, wo meine Werte sind, beeinflussen diese alle Entscheidungen in meinem Leben. Das, wo ich jetzt stehe, ist die Summe meiner Entscheidungen. Also muss ich meine nur mir eigenen Werte und deren Prioritäten kennen, wenn ich etwas verändern will. Und dann ist natürlich die Frage, wo will ich eigentlich hin. Und wenn ich sage, da ist das Ziel; liegt das auf meinem Spielfeld? Kann ich das mit meinen Werten erreichen? Meistens ist da nämlich ein Switch, denn sonst wäre man ja schon dort.

Was meine ich mit diesen Werten? Höchstwahrscheinlich bist du als Leser dieses Buches auch aufgewachsen mit den „westlichen" Werten. Wenn ich mit einem meiner Seminarteilnehmer eine Wertesammlung mache, dann stehen dort immer wieder die gleichen Dauerbrenner: Liebe, Freiheit, Sicherheit, Ehrlichkeit ... Aber für jeden von uns haben diese Werte eine unterschiedliche Priorität – und diese kann noch dazu situativ sehr verschieden sein. Fühle ich mich beispielsweise in meinem aktuellen Job nicht mehr wohl, werde ich unterschiedlich handeln, je nachdem, ob die Themen Sicherheit und Loyalität ganz oben stehen, oder an erster Stelle eher Spaß, Freude und Selbstbestimmung zu finden sind. Auf das Thema Werte gehe ich in Kapitel 4 Führung vs. Management noch einmal etwas ausführlicher ein.

So wichtig wie Führung von außen manchmal ist, ist auch die Selbstführung, ist das Bewusstsein seiner selbst und das was wir schließlich daraus machen – teilweise mit Unterstützung anderer, teilweise unterstützen wir andere. Und genau das ist es auch, was Führung immer wieder spannend macht.

3.5 TALENTE ERKENNEN, TEAMS AUF ZEIT

Die amerikanische Wissenschaftlerin Carol Dweck hat sich viele Jahre in intensiven Forschungen damit beschäftigt, welche Einstellung Menschen haben und wie diese ihr Verhalten prägt. Sie unterscheidet zwischen zwei ursprünglichen Haltungen: Dem sogenannten Growth Mindset, mit dem Menschen angesichts unlösbarer Aufgaben keineswegs frustriert reagieren, sondern sich sogar über die Herausforderung freuen, weil sie überzeugt sind, immer etwas lernen zu können. Anders Menschen mit einem Fixed Mindset, der diese dazu bewegt, eher im Status quo zu verweilen, weil sie vor Herausforderungen zurückschrecken und vor allem Fehler (die zu Veränderungen und einer Entwicklung unweigerlich dazugehören) als Bedrohung sehen.

Führungskräfte, die unterscheiden können, in welchem Mindset sich (zukünftige) Mitarbeiter befinden, können Talente leichter erkennen und Teams besser zusammenstellen. Aber mach dir nichts vor, dass ist eine echte Herausforderung. Denn sieht man sich in Unternehmen um und betrachtet die Entwicklungen der letzten Jahre und Jahrzehnte, lässt sich zusammenfassend sagen: In Deutschland sind wir eher in einem Fixed Mindset verhaftet. Die Dinge sind so, wie sie sind, und das ist auch gut so! Soll etwas verändert werden, dann kommen wir als erstes und ganz schnell in einen fürchterlichen Rechtfertigungsprozess. Genau das ist heute aber nicht mehr möglich!

Und bringt uns – ehrlich gesagt – auch nicht wirklich weiter. Es ist an der Zeit zu verstehen und zu akzeptieren, dass wir uns verändern müssen, um der aktuellen Situation Genüge zu tun. Wir müssen erkennen, dass, wenn wir etwas verändern, um auf eine Situation zu reagieren, es nicht heißt, dass man in der Vergangenheit

Fehler gemacht hat. Sondern vielmehr: Dass man in der Vergangenheit für die Vergangenheit adaptiert hat und dass man heute für die Zukunft adaptieren muss. Ist das in den Köpfen – und Herzen – der Mitarbeiter, würden Diskussionen sehr viel konstruktiver und positiver geführt werden. Ein guter Grund also für dich als Führungskraft, dass immer wieder zu kommunizieren, damit Talente ihren Weg in dein Team finden oder du sie sogar aus den eigenen Reihen entwickeln kannst.

Du solltest aber bei all deiner Begeisterung fürs Tun, für das Führen und das Vertrauen, das du in die Mitarbeiter an deiner Seit hast, stets bedenken: Team bedeutet immer alles und nichts. Folgt man in der Hierarchie der Berichtslinie, steht in diesem Format der Begriff Team für jede Gruppe von Menschen, die vielleicht das Gleiche tun, also den gleichen Jobinhalt haben und an den gleichen Chef berichten. Und dann gibt es ganz andere Teams. Das sind Menschen, die aus den verschiedenen Berichtslinien zusammengeschlossen werden, um ein Projekt zu stemmen. Oder auch gerade jetzt sehr beliebt in agilen Kulturen, die sogenannten Squads, Mini-Teams, die mit verschiedenen Kompetenzen und aus den verschiedenen Berichtsebenen zusammengesetzt werden, um in Konzernen eigenständige Aufgabenbereiche zu übernehmen. Der Wunsch, der dahintersteckt? Die Stärken der Start-ups auf ein größeres Unternehmen zu übertragen.

Für mich gibt es einen Riesenunterschied, ob ein Team ein Team ist im Sinne von: Die Arbeitsabläufe hängen voneinander ab und einer muss sich auf den anderen 100%ig verlassen können. Oder es geht nur darum, dass man den gleichen Chef hat, sich im Büro nett unterhält und eine gute Arbeitsatmosphäre schafft. Auch wenn die letzten beide Punkte – by the way – durchaus wertvoll sind. Dementsprechend unterschiedlich entwickelt sich dann auch die Teamdynamik oder der Wille, ein echtes Team zu schmieden.

Genau das ist auch richtig und enorm wichtig, wenn Abhängigkeiten voneinander gegeben sind. Ansonsten stellt sich zurecht die Frage: Wo ist jetzt genau der Wert des Teams? Bzw. die klare Erkenntnis, wenn wir bei unserem Thema bleiben: Ein solches Team braucht dann natürlich auch eine deutlich geringere Art von Aufmerksamkeit in der Führung.

Das für mich heute noch stimmigste Modell dessen, wie ein Team miteinander agiert, ist das von Bruce Wayne Tuckman. Bereits 1965 hat der US-amerikanische Psychologe ein vierstufiges Phasenmodell (Forming, Storming, Norming, Performing) für Gruppenentwicklungen beschrieben, das er gemeinsam mit Mary Ann Jensen 1977 um eine fünfte Phase (Adjourning) ergänzt hat. (https://de.wikipedia.org/wiki/Teambildung)

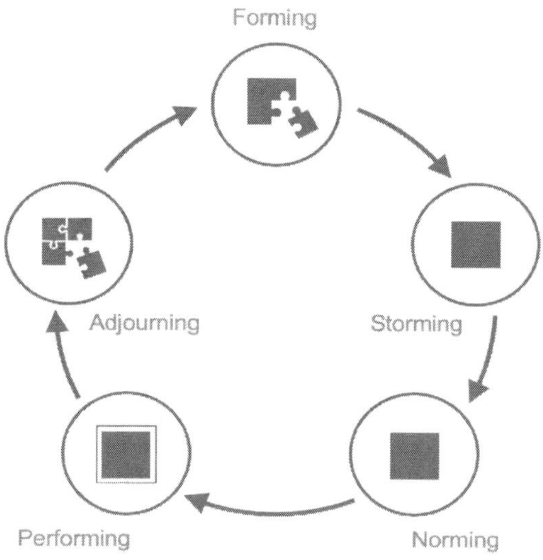

Abbildung: Tuckman-Modell

Zusammenfassend lässt sich sagen: Wird ein Team geschmiedet, geht dieses durch verschiedene Stadien einer Teamentwicklung. Für Führungskräfte wie für jeden einzelnen Beteiligten ist es wichtig zu wissen, dass in den unterschiedlichen Stadien natürlich auch unterschiedliche Dinge wichtig sind.

Jede Reise fängt damit an, dass im ersten Schritt die entsprechenden Teammitglieder bestimmt werden. Beim Start eines neuen Projektes geht es also erst einmal um die zentrale Frage: Welche Kompetenzen brauche ich an Bord. Interessanterweise sehe und erlebe ich in vielen Firmen auch heute noch, dass an diesem Punkt vor allem, wenn nicht sogar ausschließlich, nach fachlichen Kompetenzen geschaut wird. Und dann heißt es, o.k., der kann Finance und die kann Marketing, der kann IT und die kann Sales. Packen wird die einfach mal zusammen. Worauf nicht geachtet wird ist, welche Charaktere da (gemeinsam) ins Spiel kommen (sollen).

Letztendlich kommt es natürlich immer darauf an, was ein Team leisten soll. Aber je ausgewogener, auch von den sozialen Kompetenzen, ein Team ist, umso erfolgreicher. Das weiß man heutzutage. Allerdings auch umso anstrengender zu führen. Denn "Gleich und gleich gesellt sich" gern ist deutlich weniger konfliktanfällig als „Gegensätze ziehen sich an". Wenn man sich allerdings überlegt, woraus entstehen gute Lösungen, woraus entsteht Innovation, dann meistens durch das Reiben von verschiedenen Interessen und das positive, konstruktive Reiben, wenn sich diese Menschen miteinander auseinandersetzen. Wenn verschiedene Menschen verschiedene Ideen haben, verschiedene Vorbehalte äußern, verschiedene Chancen und Risiken sehen, und wenn sich diese Personen an einen Tisch setzen und im Guten die Dinge ausdiskutieren können, dann kommen in der Regel auch gute Ergebnisse heraus.

Also letztendlich fängt alles damit an, dass du als Führungskraft erst einmal diese Teammitglieder suchst, findest und zusammenstellst, möglichst auch mit den entsprechenden Ressourcen und

Möglichkeiten dahinter. Nach diesem sogenannten „Forming" passiert dann ein „Storming". In der Storming-Phase weiß das Team, wo es hinsoll, es weiß, was die Aufgabe ist, man hat auch die ersten Sachen vielleicht latent abgesprochen und dann läuft jeder los, jeder bemüht sich, jeder versucht das Beste, sein Bestes oder ihr Bestes zu geben, und es kommt zu Konflikten. Hier entscheidet sich spätestens über das Maß des Erfolges eines Teams. Nämlich die Frage, wie gehe ich damit um. Kehre ich diese Konflikte unter den Teppich, wird das Team vielleicht zum Ziel kommen, aber in einer schlechten Art und Weise, schlimmstenfalls mit schlechter Laune und demotivierten Mitarbeitern.

Schaue ich auf diese Konflikte drauf, beseitige sie, arbeite daran, finde Lösungen und arbeite wirklich an der Teamstruktur, gelingt es mir in der Regel ein deutlich besseres Ergebnis zu erhalten als sonst. Ist die Storming-Phase positiv durchlaufen, geht es in die sogenannte Norming-Phase. Also man weiß, was man aneinander hat, man weiß, was geht und was nicht geht und wie der Einzelne tickt. Und man kann wirklich ins Performen kommen.

Naturgemäß sind normale Projekte eher so angelegt, dass sie irgendwann ein Ende finden, d. h., dass sich Teams dann auch langsam wieder zerlegen (Adjourning). Ich habe die Erfahrung gemacht, dass in der Teambildung – unabhängig von den hier kurz beschriebenen Phasen – ebenfalls das bekannt Pareto-Prinzip 80/20 zum Tragen kommt. Natürlich können immer wieder Probleme auftauchen, aber wenn man es schafft, im Forming und Storming gut zu führen, dann sind mindestens 80, wenn nicht sogar schon 90 Prozent der Fehler schon vermieden. Deswegen möchte ich im Folgenden gerne auf diese ersten beiden Kapitel nochmal etwas näher eingehen.

Was kann man beim Forming falsch machen? Was kann man beim Forming richtig machen? Vielleicht ist es vorher noch einmal bemerkenswert zu sagen: „Alone we can do so little, together we can do so much.“ Die Frage „Warum braucht man überhaupt ein Team? Wo es doch Abteilungen und Bereiche gibt, die in Unternehmen auch so übergreifend zusammenarbeiten können. Ja, das ist durchaus möglich, aber der Grundgedanke eines Teams soll die einzelnen Beteiligten – und sei es nur auf Zeit – enger und fester zusammenschweißen, um bessere Ergebnisse zu erzielen.

Grundsätzlich braucht mal also ein Team dann, wenn ich unterschiedliche Kompetenzen benötige, um etwas Vernünftiges zu erreichen. Wenn ich sage, unterschiedliche Kompetenzen, dann habe ich eben schon angeführt, dass es oft Projekte sind, die sich aus Mitgliedern einzelner Berichtslinien zusammensetzen. Manchmal ist es auch einfach nur eine Mengenfrage. Aber auch da muss man dann überlegen, wie organisiert man den Mengenfluss am geschicktesten.

Meistens ist es aber wirklich so, dass unterschiedliche Kompetenzen benötigt werden. Wenn man sich diese zusammensucht, dann hat man oft, gerade in größeren Unternehmen, das Thema, dass sich Mitarbeiter teilweise noch gar nicht kennen. Was professionelle Teams bzw. deren Führungskräfte dann gerne tun, ist, ein Kick-off-Meeting zu veranstalten. In diesem Kick-off-Meeting wird erklärt, was das Ziel des Projektes ist und wer daran beteiligt sein wird.

Beispielsweise: Das ist die Frau Maier und die ist zuständig für das Marketing, soll das Ganze also kommunikativ begleiten. Und dann gibt es da die Frau Müller, die kommt aus dem HR-Bereich und soll für uns sicherstellen, dass wir dann am Ende auch das richtige Personal haben. Und dann geht es reihum so weiter. Was ist damit gewonnen? Relativ wenig. Warum? Weil die Frau Maier und die Frau Müller in der Regel völlig unterschiedliche Charaktere sind, die jetzt zwar wissen, was der Teilbereich des jeweils anderen ist, was er abdecken soll, aber noch nicht, wie sie am besten miteinander umgehen können.

D. h. im Gegenzug, wenn ich überlegen möchte, was kann ich als Führungskraft wirklich gut machen, was muss passieren, damit beim Projektstart alles klappt, dann ist es ein sehr intensives gegenseitiges Kennenlernen jedes Beteiligten. Und zwar nicht nur mit dem professionellen Erfahrungshintergrund, sodass ich weiß, o.k., welche Aufgaben kann ich an wen adressieren. Sondern auch, welche Persönlichkeitsstruktur bringt jede Person mit?

Kann ich mit der geradeaus reden oder ist das gefühlt ein Mimöschen? Ist das jemand, der sehr viel Wert darauflegt, dass die Stimmung gut ist und dass sie erstmal persönlich angehört wird. Ist das jemand, der sehr extrovertiert ist oder eher introvertiert? Ist es jemand, der mehr mit Emotionen zu tun hat oder eher jemand, der nur anhand von Zahlen, Daten, Fakten agiert? Und für den ein nettes Wort schon verplemperte Zeit ist?

Das hilft, um Dinge, die im späteren Verlauf auftreten, und sie werden auftreten, leichter aufzulösen. Denn eines steht fest: Jedes Projektteam muss mit Konflikten rechnen. Wenn ich eine gute persönliche Beziehung habe, also weiß, wie jeder tickt, kann ich diese Probleme sehr viel leichter aus der Welt schaffen oder zumindest damit umgehen.

Als nächstes sollte im Kick-off-Meeting sehr klar und einheitlich vermittelt werden: Warum machen wir das Ganze eigentlich? Was ist das Ziel? Was wollen wir erreichen? Und zwar nicht nur, wir wollen ein neues Produkt entwickeln. Oder den Markanteil um fünf Prozent erhöhen. Sondern, was ist der Hintergrund dessen? Je genauer ich weiß, was ich will, was die Leistung des Teams für die ganze Firma bedeutet, desto eher weiß ich im Zuge von Schwierigkeiten, die richtigen Fragen zu stellen oder die richtigen Antworten zu geben.

Und schließlich geht es in der Führung eines Teams auch immer um die Verteilung der Aufgaben. Welche Ressourcen stehen mir überhaupt zur Verfügung? Was sind die Hintergründe des Projektes? Und was sind letztendlich die Rahmenbedingungen? Die vielleicht über dieses Projekt hinausgehen, die ich jedoch kennen muss, um mich entsprechend vernünftig darin zu verhalten. Wie kommunizieren wir miteinander? Also wann, wie, wo treffen wir uns? Wo legen wir unsere Dateien ab? Wie agieren wir miteinander? Welche Chancen bietet dieses Projekt? Aktuell für das Team, aber mittelfristig, sprich evtl. danach für jeden einzelnen Mitarbeiter?

Klare Antworten auf diese Fragen sind natürlich sehr viel wert. Allerdings ist es zu Beginn eines Projektes inzwischen auch oft so, dass zu den genannten Punkten bei weitem nicht alles klar ist. Dass man, oft gerade am Beginn eines Projektes, noch ein bisschen schwimmt. Und je agiler wir werden, umso höher ist die Gefahr des sogenannten Schwimmens. Dass es zwar eine Idee und ein ungefähres Ziel gibt und die Beteiligten auch eine Ahnung haben, wo es ungefähr langgehen soll, aber man weiß den genauen Weg noch nicht. Als Führungskraft ist es da nur wichtig, von Anfang an deutlich zu kommunizieren: „Das ist (gut) so, wir wissen es alle und werden damit klarkommen. Im Laufe der Zeit lösen sich viele Fragezeichen von alleine oder wir finden gemeinsam eine Lösung dafür."

Gerade in der agilen Welt, in Zeiten, in denen Scrum längst das Projektmanagement verlassen hat, ist die Gestaltung und Führung eines Teams oft sehr viel schwieriger. Free-floating targets, freie Ziele also, aber mit festen Zeiteinheiten, in denen etwas zu erreichen ist, was auch immer es dann ist, sind keine Seltenheit. Mehr ist vorher nicht bekannt. Und auch da ist es Aufgabe einer Führungskraft festzulegen, was ist denn schon definiert und was halt noch nicht. Und von dem, was noch nicht definiert ist, was davon können wir jetzt hier heute in diesem Team für uns erst einmal festlegen. Vielleicht ist es ein Erst-einmal. Vielleicht muss das noch einmal nachgeschärft werden. Aber jedes Festlegen ist erst einmal besser als ein dauerhaftes Offenlassen.

Apropos Offenlassen, ein wichtiger Punkt in jedem Team ist Offenheit. Weil, und das hatte ich in diesem Kapitel zu Beginn geschrieben, das Thema Konflikte nicht ausbleiben wird. Teammitglieder sehen das oft sehr unterschiedlich. Wie offen gehen wir miteinander um? Wer braucht was? Und wer darf wann was und von wem fordern? Wie können wir das definieren und wie laufen wir nicht in eine Diskrepanz, dass ich dir nachher einen Vorwurf mache, warum hast du mir die Daten nicht geschickt. Was können wir also direkt hier festlegen und was bedarf einer Klärung woanders?

Oft ist es so, dass man für gewisse Dinge, die vielleicht schon im Kick-off oder aber im Laufe des Projektes anhand von Fragen auftauchen, andere Personen – außerhalb des Teams – zur Klärung braucht. Vielleicht ist es der Geschäftsführer, wenn es um die Freigabe eines Budgets geht oder ein anderer Line-Manager. Treten Fragestellungen auf, die nicht innerhalb des Teams beantwortet werden können, ist es trotzdem wichtig, im Teammeeting festzulegen, wer kümmert sich darum, wer nimmt es mit und bis wann.

In Teams immer wieder ein Konfliktpotential: Wie kommen wir zu Entscheidungen? Wie funktioniert unser Decision Making. Wer entscheidet wann was? Und was erwartet jeder von dem anderen? Also ein klares Erwartungsmanagement. Und zwar zum einen an das Projekt, was ist scope und was nicht. Wie ist der Umgang miteinander gewollt oder auch nicht? Und dann auch, was sind die gegenseitigen Erwartungen?

Ebenfalls immer wieder spannend in Teams der Verteilungskonflikt, also die Frage: Wenn Ressourcen eng sind, wie verteile ich diese ideal? Und in Unternehmen sind Ressourcen immer eng. Ich habe noch nie erlebt, dass mir ein Unternehmen gesagt hat, ach, Frau Bourgeois, wenn wir für dieses Projekt noch mal zehn Leute mehr brauchen, ist das kein Problem. Sondern man sieht eigentlich eher den Herrn Müller, der 30 Prozent dem Projekt A, 40 Prozent dem Projekt B und 50 Prozent dem Projekt C zugeordnet ist. Der aufmerksame Leser hat das sicher schnell addiert und stellt fest, dass ich damit zu einer Zahl komme, die deutlich höher als 100 Prozent ist.

Jede Führungskraft hat das in einem Projekt sicher schon einmal so erlebt. Also rennt sie in Verteilungskriege. Denn über einen kurzen Zeitraum kann Herr Müller vielleicht einfach länger arbeiten, aber auf Dauer geht das definitiv nicht. Was ich auch oft erlebe, ist, dass unterschiedliche Ziele verfolgt werden: Also, wenn ich nicht ein übergreifendes Ziel habe, wie z. B. wir wollen den Marktanteil um 30 Prozent steigern, sondern stattdessen sage, der Herr Meier ist jetzt hier unser Finanzer und er hat genau 10.000 Euro zur Verfügung. Und dann wird sehr schnell klar, alleine das Marketing will aber 20.000 Euro, damit die Dinge letztendlich entsprechend vermarktet werden können. Und HR sagt, na ja, dafür brauchen wir aber letztendlich eigentlich drei Mitarbeiter mehr, sonst schaffen wir das nicht. Damit ist aber das Budget von dem armen Herrn Meier mit 10.000 Euro schon längst überzogen, und zwar mehrfach. Dann habe ich konfliktäre Zielsetzungen und dazu auch noch klassische Rollenkonflikte. Weil Mitarbeiter überlappende Rollen haben, aus ihrer Sicht, und deswegen Dinge für sich beanspruchen, nur dummerweise anders ticken, weil sie aus unterschiedlichen Abteilungen sind, mit unterschiedlichen Erfahrungen.

Fakt ist: Als Führungskraft eines Teams wirst du immer wieder mal kleine Konflikte haben, aber wenn du zu Beginn des Teambuildingprozesses den großen Sturm tatsächlich ausgehalten hast, dann wird es kein Problem mehr sein, miteinander gut ins Performing zu kommen. Und gegebenenfalls dann irgendwann auch zu sagen, o.k., jetzt ist das Projekt beendet.

Ein allerletzter Hinweis noch, weil das ein Führungsproblem ist, das immer wieder vorkommen kann: Was passiert, wenn ein Mitarbeiter ausgetauscht wird? Wenn sich eine Position verändert, passiert in den Projekten vielfach nichts. Und damit habe ich ganz viel Konfliktpotenzial. Jede neue Person verändert ein Spiel. Das sieht man beispielsweise wunderbar an Schulen. Beobachtet man eine Gruppe von Kindern wird schnell deutlich, dass die mit dem Thema meist noch sehr viel ehrlicher und offener umgehen. Sobald also ein neuer Mitspieler an Bord kommt, werden oft die Spielregeln neu verhandelt. Und das gesamte Teamgefüge ändert sich. Genauso ist das auch mit Mitarbeitern. Selbst wenn ihr sie vorher schon kennt, vergesst nicht, die übrigen Teammitglieder mit ins Boot zu holen. Ansonsten besteht die Gefahr, dass ein neuer Mitarbeiter das ganze mühsam aufgebaute Teamgefüge sprengt.

3.6 VERANTWORTUNG, VERTRAUEN UND KONTROLLE

Führung abzugeben, bedeutet nicht automatisch Kontrollverlust. Manchmal hat es auch Vorteile, loslassen zu können. In der Führung ist Kontrolle also niemals entweder nur gut oder schlecht. Es kommt immer ganz darauf an, wie beide Seiten damit umgehen.

Wenn du einen guten Mitarbeiter, einen High Performer, offensichtlich kontrollierst, kann das sehr demotivieren auf ihn wirken. Wenn du das auf eine gute Art und Weise machst, indem du sagst: „Hey, ich wollte einfach mal als dein Sparringspartner schauen, wo stehst du denn und brauchst du mich gerade?“, ist das dann Kontrolle? Vielleicht für dich ja, aber für ihn nicht. Wogegen jemand, der weder gut performt noch gut in der Kommunikation dessen ist – jemand, der also ständig die Schuld auf andere schiebt, er konnte ja noch nicht liefern, weil er hat das und das noch nicht bekommen – sogar eine enge Kontrolle braucht. Sonst ist die Gefahr groß, dass andere das mitbekommen und meinen, sie kämen damit auch durch. Ein wichtiger Schritt als Führungskraft hinsichtlich Erwartungsmanagement. Liefert dieser Mitarbeiter nicht die erwartete Leistung, sollte ich erst einmal die Führungskraft die Frage stellen: Habe ich dir klar und deutlich kommuniziert, was ich bis wann von dir erwarte? Falls nicht, dann muss diese Kommunikation erfolgen: O.k., bis jetzt hat das nicht so gut geklappt, deshalb möchte ich, dass du proaktiv das und das Thema bearbeitest und dass du die folgenden Schritte dazu machst. Wenn ich das als Führungskraft dann nicht kontrolliere, brauche ich auch gar nicht erst anzufangen, mit ihm an sich zu arbeiten.

Kontrolle ist also in der Führung manchmal notwendig und sehr wichtig. Ich nenne es allerdings nicht immer „Kontrolle“, sondern für mich ist es oftmals eher ein Nachhalten von Vereinbarungen. Denn ich muss als Führungskraft dem anderen vor allem etwas bewusst machen: „Hey, was du da machst, ist mir wichtig, und es ist mir auch wichtig, dass wir in einem guten Sinne zu dem Punkt kommen, wo du sein willst.“ Und für den Weg braucht es dann eben doch wieder ein Stück weit Kontrolle.

Beispielsweise auch bei den Über-Motivierten in einem Team. Ganz typisch hier junge Mitarbeiter, die gerade frisch von der Uni kommen. Neu im Unternehmen sind die tendenziell erst mal total motiviert und machen irgendwas – aber vielleicht nicht das, das du als Führungskraft von ihnen erwartest. Auch da ist dann ein Nachhalten im Sinne von „Läuft das in die richtige Richtung?“ wichtig und nötig. Und je mehr Zeit du da am Anfang reinsteckst, umso leichter und mehr kannst du nachher delegieren. Ob bestimmte

Techniken oder Methoden der Kontrolle wirklich funktionieren, hängt immer davon ab, inwiefern eine Leistung erfassbar ist. Wenn eine Leistung sehr klar messbar ist – beispielsweise eine Buchhalterin, die Rechnungen eingeben, einpflegen, bezahlen muss –, dann kann ich das natürlich sehr viel einfacher messen, als wenn ich die Leistung eines Projektmanagers anhand des Fortschritts eines hochkomplexen Projektes bemessen möchte. Von daher stellt sich jede Frage nach der Funktion und Wirksamkeit einer Kontrolle erst einmal mit dem Thema: Was will ich denn kontrollieren? Wie will ich eine bessere Mitarbeiterführung kontrollieren? Wie will ich diesen Projektmanager kontrollieren?

Das heißt, ich muss mir immer überlegen: Was sind denn beobachtbare Größen, an denen ich es festmachen kann? Das ist immer die erste Frage. Und dann: Machen diese Größen Sinn und kann ich sie in klare Ereignisformen fassen? Also hilfreich ist immer die Frage: Woran sehe ich denn, dass es besser ist? Wie erkenne ich, dass sich etwas geändert hat? Woran mache ich das tatsächlich fest? Ableitend kannst du dann Kontrollsysteme von, ich sage mal, automatisch gezogenem Reporting, was einmal täglich auf deinem Schreibtisch landet, bis hin zu „da muss ich in gewissen Abständen qualitative Interviews mit den Beteiligten führen" aufsetzen. Und die Spanne ist genauso groß.

Oft hast du ja tatsächlich Verhaltensweisen, die sich ändern sollen oder ändern müssen, damit etwas besser wird. Und da tut man sich in der Regel sehr schwer damit, das zu erfassen. Ein wertvoller Buchtipp dafür ist „Atomic Habits" von James Clear, in dem es um die Frage geht: „Wie passe ich Verhaltensweisen an?"

Letztendlich fängt ja alles damit an, dass du es bewusst machst. Also beispielsweise, wenn jetzt eine Führungskraft öfter nach Feedback fragen soll, a) dem Team Bescheid sagen: Ich möchte öfter nach Feedback fragen, sowie b) Das Team fragen: Habe ich öfter nach Feedback gefragt? Und das in einem gewissen Rhythmus. Dann kann ich als Chef nachhalten: Hast du es deinem Team erzählt? Dann kann der „Ja“ sagen und flunkern. Ich kann aber auch einen Mitarbeiter danach fragen: „Ey, wie sieht denn das aus, wie war denn das, als ihr über das Thema ‚Feedback‘ gesprochen habt?“ „Wie? Über das Thema ‚Feedback‘ haben wir gar nicht gesprochen.“ „Ach, ist ja interessant.“

Fakt ist: Auch hinsichtlich Kontrolle gibt es einfach nicht eine Führung „One fits all“. Es ist immer situativ, es ist immer auf die Frage bezogen: „Was soll sich ändern und woran kann ich es messen?“

Noch schwieriger wird das Thema Kontrolle, wenn sich Verantwortlichkeiten ändern, beispielsweise bei einer Führung auf Zeit. In agilen Strukturen ist es gut möglich, dass Führungskräfte sehr schnell wechseln, dass sich also zwischen Projekten auch die Führungssituation ändert. Wie so oft, steht und fällt auch hier alles mit dem Thema „Mindset“. In dem Augenblick, wo ich das Gefühl habe, ich bin was Besseres, wenn ich führe, und eine Kultur vorlebe, in der das präsent ist, in so einer Kultur wird ein Wechsel von temporären Führungsaufgaben sehr schwierig. Das heißt, letztendlich brauche ich als erstes die entsprechende Kultur dafür, die mir sagt, dass jeder gleich ist, dass jeder seine Fähigkeiten hat, dass jede Fähigkeit wichtig, aber nicht immer zum gleichen Zeitpunkt gleich wichtig ist.

Mal habe ich ein Projekt, das ist mehr finanzgetrieben, dann setze ich vielleicht als Projektlead eher einen aus der Abteilung Finanzen drauf. Mal habe ich ein Projekt, das ist mehr HR-getrieben, dann setze ich einen HRler drauf. Mal ist es ein Produkt, dann setze ich einen Produktmanager drauf, und trotzdem können diese drei Funktionen immer zusammenarbeiten bei ein und derselben Aufgabe. Für mich ist das Thema „Kultur“ und das Thema „Klarheit“

wichtig. Also a) dass es im Kulturkanon der Firma verankert ist, und b) dass es auch vorgelebt und klar kommuniziert wird: „Herr Weber, die nächsten vier Wochen möchte ich, dass Sie für dieses Projekt hier die Hoheit übernehmen." „Besten Dank, Herr Weber, das waren tolle vier Wochen, aber jetzt würde ich das Projekt gerne an Frau Linde übergeben, weil sich der Fokus oder der Schwerpunkt der Aufgaben gerade geändert hat, und wir jetzt vom Produkt weg in Richtung Vermarktung gehen."

Das ist etwas, das in der Führung oft sehr schwer ist. Das heißt, man gibt diesen Führungsstab dann eigentlich von einem zum anderen weiter. Aber unbedingt transparent und öffentlich, sonst brodelt in Unternehmen nämlich oft die Gerüchteküche: „Hast du schon gehört, der Herr Weber macht das nicht mehr, jetzt macht das die Frau Linde. Da muss doch was vorgefallen sein."

Wir alle kennen den Spruch: Vertrauen ist gut, Kontrolle ist besser. Und wenn ich dann Führungskräfte frage: „Was hast du denn da eigentlich bewertet und hast du mit der Person gesprochen?", kommt sehr oft: „Nein, nicht in dieser Klarheit." Also mein Appell deshalb an alle Führungskräfte: Seid klar, und ihr dürft auch jemandem sagen, wenn er nicht die Leistung bringt, die ihr erwartet. Aber bitte immer mit Begründungen.

Und da reicht es nicht, zu sagen: Ich finde, du erledigst in der dir zur Verfügung stehenden Zeit zu wenig Aufgaben, also bist du vielleicht nur faul. Sondern: Ich sehe, dass du alleine in den letzten drei Tagen sieben Stunden im Internet gesurft und private Dinge gemacht hast. Ich sehe, dass in den letzten drei Wochen deine Ergebnisse nicht kommen, auf die ich warte. Ich sehe, dass ..., und deswegen habe ich den Eindruck, dass du zu wenig Ergebnisse lieferst. Wie siehst du das? Es mag sein, dass du einfach nur zu lange keinen Urlaub mehr hattest. Es mag sein, dass dein Hund schwer krank ist und du dich nicht auf deinen Job konzentrieren kannst, weil du nach alternativen Behandlungsmethoden suchst. Das eine ist etwas, was abzustellen ist. Das andere ist etwas, was ich als Führungskraft möglichst unterstütze, indem ich sage: „Ich merke, du hast gerade im Moment echt eine Scheißzeit. Was kann ich tun, um dir durch diese Zeit zu helfen, und wie können wir es schaffen, dass du trotzdem deine Arbeit jetzt nicht komplett liegen lässt?“ Was ist wichtig, fällt irgendwas hinten runter?

Dafür braucht es zum einen natürlich eine offene Unternehmenskultur, und zum anderen ist hier auch die Transaktionsanalyse sehr hilfreich. Alles fängt damit an, dass ich mich frage: Was habe ich denn für ein Menschenbild? Glaube ich, dass das eine „faule Socke“ ist? Oder glaube ich, dass er Probleme hat und deswegen gerade seiner Arbeit nicht richtig nachgeht? Zwei völlig unterschiedliche Ansätze. Aber dass das eine „faule Socke“ ist, ist erst mal unsere Interpretation von etwas, das wir sehen. Die kann richtig sein, es ist aber auch gut möglich, dass er schon längst mit seiner Arbeit fertig war oder einfach nichts zu tun hatte und sich nicht getraut hat, nach Hause zu gehen. Und das, worauf ich gewartet habe, war vielleicht gar nicht seine Aufgabe. Tatsache ist: Es gibt in der ganzen Führungsgeschichte so viel Raum für Missverständnisse, und die kriegen wir nur gelöst, wenn wir miteinander reden.

Missverständnisse führen zu vorschnellen Urteilen und aufgrund dieser verurteilen wir Menschen oft zu Unrecht. Keine gute Basis für eine wertvolle Führung. Für dich lohnt es sich also immer, lieber einmal mehr dahinter zu schauen. Was spielt sich da genau ab? Wir Menschen neigen einfach zu Rückschlüssen aufgrund unserer Erfahrungen, die nicht immer richtig sind. Daniel Kahneman beschreibt das in seinem Buch „Schnelles Denken, langsames Denken“ sehr genau. Unser Gehirn ist faul. Das heißt, wenn jemand gähnt, dann denken wir erst einmal: „Ach, der ist müde.“ Das ist in unserem schnellen (Denk-)System, in unserem intuitiven Wissen, da brauchen wir gar nicht (lange) nachzudenken.

Das war auch gut so, denn wir mussten ja reagieren, wenn der Löwe vor uns stand. Da konnte ich nicht lange fragen: „Lieber Herr Löwe, haben Sie die Absicht, mich zu fressen?" Da musste ich laufen. Inzwischen befinden wir uns allerdings in einer Welt, die es durchaus ermöglicht, uns die Zeit zu nehmen, uns zu hinterfragen. Und wir Menschen sind die einzige Spezies, die das kann. Die diese Aufteilung machen kann zwischen: Das ist das, was ich beobachte. Das ist meine Interpretation dessen. Und dann kann ich aber lernen, dazwischen zu differenzieren.

Manche Dinge funktionieren eben und manche nicht – zumindest, wenn man nicht darüber spricht. Ein Klassiker: Der Mitarbeiter, der ständig zu spät zum Meeting kommt. Und die Führungskraft, die diesen Mitarbeiter einfach für unpünktlich und unzuverlässig hält. Was dabei nicht zur Sprache kommt ist, dass die Meetings immer um 9:00 sind, der Kindergarten aber erst um 9:00 Uhr aufmacht. Das heißt, es ist völlig absurd, zu denken, dass die Person, die vielleicht gerade noch ein Kind in den Kindergarten zu bringen hat, um 9:00 Uhr schon im Meeting sein kann. Würde das Meeting um 10:00 stattfinden, wäre der Mitarbeiter immer pünktlich. Auch, wenn man es nicht für möglich hält, es gibt sie, die Unternehmen, in denen so etwas nicht zur Sprache kommt. Bis ich vielleicht gerufen werde, um ein Mitarbeiterproblem zu lösen. Dabei hat gar nicht der Mitarbeiter das Problem, sondern die Führungskraft, und die vielleicht auch nur, weil die Unternehmenskultur einfach – ich sage es nur ungern, weil eben auch nur ein Stereotyp – falsch ist.

Hat ein Unternehmen Probleme mit der Verantwortung, mit dem Vertrauen und der Kontrolle liegt es ganz häufig an falschen Erwartungen – und das sowohl bei Mitarbeitern als auch bei Führungskräften. Kann jemand (etwas) nicht, will er es nicht oder kann er es aus, ich sage jetzt mal, Umgebungsdingen nicht? Also wenn ich jemanden habe, der eine Hand nicht bewegen kann, von dem kann ich lange erwarten, dass er Zehnfingersystem schreibt, er wird es nicht können. Wenn ich aber jemanden habe, der nicht in der Lage ist, mit seinen Mitarbeitern vernünftige Führungsgespräche zu führen, aber sagen wir es mal locker „nicht auf den Kopf gefallen" ist, dann kann er das lernen, wenn er es denn will. Dafür muss er erst mal einsehen, dass er es nicht kann. Dann gibt es aber auch noch die anderen, die sich einfach nicht entwickeln wollen. Dann führt an einer Kündigung oft kein Weg vorbei.

Wenn ich zu Entwicklungsgesprächen oder einem Coaching in ein Unternehmen komme, werden diese Konsequenzen zum Glück sehr oft auch selber gezogen. Erst vor kurzem hatte ich ein Führungskräfteentwicklungsprogramm mit zwei Gruppen à zehn Personen. Jeweils zwischen zwei Trainings hatten wir alle vier Monaten einen sogenannten Catch-Up-Tag, an dem es darum ging: „Hey, du hast dir Ziele gesetzt, wie bist du denn damit klargekommen?" Aus diesen Gruppen hatten neun Leute ein ähnliches Problem – jeweils einen Mitarbeiter, der „schlecht" war. Dessen Leistung nicht dem entsprach, was die jeweilige Führungskraft vom ihm erwartete. Und diese neun hatten sich vorgenommen, dieses Problem zu lösen.

In den Trainings vorher hieß es: Ja, aber der ist ja selber im Betriebsrat – das kriege ich nie hin. Oder: Nein, bei uns geht das nicht mit dem Betriebsrat, das kriegen wir nicht hin. Oder: Nein, unsere HR-Abteilung spielt da nicht mit.

Nach nur vier Monaten waren von diesen neun unterschiedlichen „Fällen", die teilweise schon über zehn Jahre im Unternehmen auch bekannt waren, bereits sieben gelöst. Im Guten gelöst. Drei haben sich außerhalb der Firma neue Jobs gesucht. Zwei haben sich innerhalb der Abteilung verändert und waren auf dem Weg, richtig

„gute“ Mitarbeiter zu werden. Zwei haben sich innerhalb der Firma in andere Abteilungen bewegt und machen da einen guten Job. So, das heißt, es waren also nur noch zwei übrig, wo sich die Personen nicht getraut hatten, das Thema anzugehen. Aber die, die sich getraut haben und da herangegangen sind, die hatten eine sehr gute Lösungsquote. Im Idealfall steht am Ende ein Triple-Win: Das Unternehmen profitiert, die Teams profitiert und dem einzelnen Mitarbeiter geht es selber auch meistens besser. Jede Bewegung ist besser als keine Bewegung.

In dem Zusammenhang ebenfalls sehr spannend ist noch einmal ein Blick in die Transaktionsanalyse, diesmal zu der Definition von „Belohnungen“, den so genannten sogenannten Strokes, nichts anderes als unterschiedliche Formen von Aufmerksamkeit. Die Transaktionsanalyse besagt im Prinzip: Der Mensch ist ganz einfach gebaut, am liebsten bekommt er Anerkennung.

Bei kleinen Kindern ist das gut zu beobachten: „Guck mal, Mama, wie schön ich meine Schleife gebunden habe.“ Im Normalfalls bekommen sie von der Mama die gewünschte Anerkennung. Reagiert die Mama nicht sofort, dann fragen sie auch gerne noch einmal nach: „Mamaaaa, hast du gesehen, wie schön ich das gemacht habe?“ Das ist noch total rein und unverfälscht. Unsere Mitarbeiter machen das leider nicht mehr. Wir Erwachsenen warten lieber auf Anerkennung. Aber Fakt ist: Jeder Mensch giert förmlich nach Anerkennung.

Bei kleinen Kindern, die noch nicht sozialisiert sind, stellt man sehr schnell fest, was passiert, wenn die Anerkennung – auch bei Nachfrage – nicht kommt. Sie quengeln. Sie fangen an zu stören. Sie fangen beispielsweise an, im Hintergrund auf einer Party so lange irgendetwas anzustellen, bis sie die gewünschte Aufmerksamkeit bekommen. Auch wenn diese Aufmerksamkeit dann eher eine negative Aufmerksamkeit ist – aber immerhin.

Das Schlimmste, was man einem Kind antuen kann, ist es zu ignorieren, also gar nichts zu tun. Damit kann es nicht mehr wachsen und gedeihen, was uns bereits Versuche (siehe Kaspar David Hauser) sehr früh gezeigt haben.

Bei Mitarbeitern löst Ignoranz allerdings etwas ähnlich Schlimmes aus. Ich hatte als Teamleiterin selbst einmal eine Führungskraft übernommen, die bei ihren Mitarbeitern schon seit sieben Jahren verschrien war, dass man den sowieso nicht ändern könne. Ein absoluter Low-Performer, noch dazu Beamter. Also eigentlich absolut nichts zu machen. Der saß auf seinem Posten und saß die Zeit mehr oder weniger einfach ab. Nachdem ich angefangen hatte, mit ihm Gespräche zu führen, blühte er plötzlich auf. Er fühlte sich wohl endlich wertgeschätzt. Allerdings passierte hinsichtlich seiner Führungsarbeit – nichts! Warum?

Im Nachhinein kann ich das gut erklären: Ich habe mit ihm nur negative Diskussionen gehabt, ich habe ihm nur klargemacht, was er alles nicht kann und tut. Eigentlich ein Dilemma. Er aber fühlte sich super, weil er aus dem Status der Ignoranz (Die Führungskräfte vor mir haben ihn links liegen lassen, überzeugt davon: „Hier kann ich ja sowieso nichts machen!“) von mir plötzlich Aufmerksamkeit bekommen hat. Die war zwar negativ, aber für ihn war das erst mal etwas Positives. Zumindest war es besser als das, was er vorher bekommen hat.

Wir haben schließlich festgestellt, inklusive Betriebsrat, dass dieser Mitarbeiter wirklich eine sehr besondere Wahrnehmung hatte. Er fand tatsächlich alles positiv, was passiert ist – auch wenn ich ihm gesagt habe: „Hey, das ist aber negativ und ich möchte, dass du dich änderst.“ Ein nicht zu lösender Fall. Weil ich aber nicht so schnell aufgebe, habe ich schließlich sogar noch angefangen, Gesprächsprotokolle von ihm schreiben zu lassen. Die ersten, die ich bekommen habe, waren so, dass ich gedacht habe, ich wäre in einem anderen Meeting gewesen...

So landen Fragezeichen in Unternehmen eben oftmals auf dem Abstellgleis. Man traut ihnen nichts mehr zu, also bekommen sie auch keine wertschöpfenden Tätigkeiten mehr. Weil jeder weiß: Was die machen, musst du dann ja sowieso nacharbeiten. Die können nichts, die schaffen nichts, und es ist letztendlich auch egal, was du denen als Führungskraft an Aufgaben gibst – oder nicht.

Es ändert sich aber auch nichts. Und auch wenn man es nicht glauben mag, wir haben immer noch genügend Firmen, die so viel Puffer haben, dass sie solche Leute mit durchfüttern können. Eigentlich geht das nicht mehr. Und es hat vor allem auf alle anderen Beteiligten oft verheerende Folgen – vor allem motivierte Führungskräfte, die ihr Team voranbringen wollen, hinsichtlich Personalentscheidungen aber oftmals auf Granit beißen. Schade um die verlorenen Entwicklungschancen!

4. Führung vs. Management

Ob Führung oder Management, beides spiegelt sich in den Werten eines Unternehmens wider. Oder umgekehrt: Die Firmenwerte beeinflussen ganz enorm das Management und die Führung. Ein paar Gedanken möchte ich dir deshalb an dieser Stelle mit auf deinen Weg als Führungskraft geben.

Wenn du dir den Wertekanon der 30 DAX-Unternehmen anschaust, ist das mehr oder weniger alles austauschbar. Begründet in unserer westlichen Zivilisation, begleiten uns verschiedene Werte unser Leben lang. Sie haben uns geprägt, sicherlich in unterschiedlichen Lebensphasen mit einer anderen Priorität versehen. Aber richtig sind sie trotzdem nach wie vor. Frage ich in Seminaren nach den zehn wichtigsten Werten der Teilnehmer und lasse sie jeden aufschreiben, sind mindestens acht davon deckungsgleich.

Deshalb stelle ich mir immer wieder die Frage: Was bringen diese Werte uns hinsichtlich des Managements unseres Unternehmens und der Führung unserer Mitarbeiter. Sind die Werte ebenso allgemein, wie sie nichtssagend sind? Und so viel Mühe sich Unternehmen auch geben und so wichtig das teilweise auch ist … Ich habe mal eine schöne Geschichte gehört, wie die Gesetzgebung im Mittelalter entstanden ist. Da schrieb man beispielsweise auf die Tafel in einem Dorf: Du sollst keine Esel in den Brunnen werfen. Warum schreibt man das auf? Weil es halt Menschen gab, die Esel in die Brunnen geworfen haben, sonst hätte man es ja nicht aufschreiben müssen.

Übertragen wir das auf unsere Firmen und die haben als Werte beispielsweise in der Unternehmenskultur stehen: Wir sind ehrlich und arbeiten kooperativ vertrauensvoll miteinander. Ja, warum schreiben sie es auf? Wahrscheinlich, weil das nicht gelebt wird. Es ist ja auch nicht falsch – für mich stellt sich nur die Frage: Wie wertig und wertvoll sind diese Werte tatsächlich? Und wie präsent sind sie im Führungsalltag?

Was viel wichtiger für mich ist, ist die Übersetzung dieser Werte in Aktionen. Also wenn da beispielsweise steht „Kooperation": Was heißt denn Kooperation? Was steckt da genau dahinter? Ich für mich komme deswegen immer wieder auf eigentlich nur einen Wert zurück, der für mich alles beinhaltet, und das ist das Thema „Vertrauen". Denn wenn ich vertraue, dann kann ich alle anderen Werte leben. Dann kann ich kooperativ sein, dann kann ich respektvoll sein, dann kann ich innovativ sein, denn ich kann so sein, wie ich bin, und alle meine Fähigkeiten in den Dienst der Sache stellen, egal ob das gerade gemocht wird oder nicht, ob ich damit als Antreiber oder als Bremser gelte. Wenn ich es in der Intention tue: „Ich habe Vertrauen – in mich und uns – und damit bringe ich die Firma nach vorne", kann ich so sein, wie ich bin und es ist in jedem Fall wertvoll. Verstehe mich bitte nicht falsch. Ich finde es wichtig, dass Firmen Werte haben und sich verpflichten, danach zu leben. Die Umsetzung ist oft nicht gut. Und nur weil das Marketing die ach so tollen Firmenwerte auf schöne Poster druckt und das Haus damit pflastert, passiert noch lange nichts – und irgendwie weiß jeder: Gelebt wird es trotzdem nicht. Und warum nicht?

Na ja, in meinen Seminaren stelle ich dazu gerne zwei Fragen. Die Frage 1 ist: „Wie empfindest du, dass in deinem Unternehmen die Firmenwerte gelebt werden?" Je nach Firmengröße und aktuellem Stand (ist das Unternehmen gerade in einem Aufwärtstrend oder in einer chaotischen Phase, wo viele Fragen gestellt werden, viel Unsicherheit herrscht) sind die Antworten sehr unterschiedlich, das Bild dementsprechend komplett anders.

Wenn ich die 2. Frage stelle: „Wie sehr lebst du die Werte?", ist egal, wo die Leute vorher standen, wenn ich einen Mittelwert ziehen würde oder einen Schwerpunkt berechnen würde physikalisch, dann verlagert sich das immer auf einer Skala von 0 bis 10 mindestens um ein bis zwei Punkte nach oben. Warum? Weil die Werte so allgemeingültig sind, dass jeder denkt: „Ja klar lebe ich das!" Und weil wir das denken, und weil wir uns gut und richtig finden, weil wir ja selber unser Standard sind, völlig normal – deshalb leben wir die Werte, so wie wir sie verstehen. Aber andere verstehen diese Werte vielleicht (oder sogar ganz sicher) anders.

Nehmen wir als Beispiel den Wert „Offenheit". Wir können uns darauf verständigen: Wir haben einen offenen, transparenten Umgang miteinander. Offenheit für mich heißt vielleicht, du hast Zugriff auf meinen Rechner, kannst also jederzeit alles in Echtzeit sehen, was ich mache und jederzeit auf alle Informationen zugreifen. Offenheit für dich heißt vielleicht, dass du mir das, was du meinst, was für mich wichtig ist, regelmäßig schickst. Also du bist total offen zu mir. Und Offenheit für unseren Kollegen Peter heißt vielleicht: Klar bin ich offen, sobald mich jemand fragt, kriegt er alle Informationen, die er braucht.

Wir alle drei unterschreiben: Ja klar, wir gehen total offen miteinander um. Aber wenn ich dann sauer bin, dass ich von Peter keine Information bekomme, denke ich: Also der lebt den Wert „Offenheit“ ja so gar nicht. Wie komme ich also raus aus dem Dilemma? Indem ich mit Peter über das Thema „Offenheit“ spreche. Das ist Führung! Wenn ich Peter nicht sage: „Peter, ich erwarte von dir, dass du mir alles schickst, was du meinst, was für mich wichtig ist, denn ich weiß ja gar nicht, was du hast“, dann werde ich nicht mehr denken, dass Peter nicht offen ist, nur weil er eine andere Offenheit lebt als ich. Wenn ich dir umgekehrt alles schicke und du sagst: Mensch Marion, tut mir echt leid, aber wenn mir jetzt jeder alles schicken würde, das ist ein totaler Overload.

Kannst du dich vielleicht nur auf das beschränken, was du glaubst, was für mich wichtig ist, ansonsten frage ich schon. Würde ich sagen: O.k., machen wir so. Hilfreich, um einem Team die Unterschiede deutlich zu machen, sind verschiedene Modelle, u.a. die Trust Matrix von Stephen Covey. Wenn ich in einer Teambuilding-Maßnahme die Teilnehmer die wichtigsten drei (aus den insgesamt 12 Vertrauensattributen) auswählen lasse, gibt es selten zwei mit der gleichen Kombination. Sprechen sie anschließend in Breakouts, kommen sie oft total geläutert zurück, weil sie erkennen: Wahnsinn, ich dachte, das wäre so einfach.

4.1 HIERARCHIEN GABS FRÜHER

Autoritär war gestern. Warum? In der Vergangenheit wurde Autorität über die Funktion gelebt. Da hatte jemand den Streifen mehr auf der Schulter und damit die Möglichkeit, zu geben und zu nehmen, Aufgaben zuzuweisen, Aufgaben umzuverteilen, Ressourcen zuzuteilen, letztendlich Belohnungen, aber auch Abmahnungen zu verteilen, also zu strafen und zu belohnen, und man hat die Möglichkeit der Eskalation an andere. Was heißt das? Das heißt letztendlich, dass man mit Druck geführt hat. Punkt!

Auf der anderen Seite war die Angst. Die Angst, den Job zu verlieren. Die Angst, schlecht(er) behandelt zu werden als andere. Die Angst, benachteiligt zu werden. Die Angst nicht mehr gesehen zu werden. Die Angst, von oder bei anderen angeschwärzt zu werden. Agiert eine Führungskraft über die Funktion, über die Macht, hat sie natürlich Mitarbeiter, die immer in der Angst agieren.

Und Angst ist kein Mittel, das einen gut und schnell arbeiten lässt. Das heißt, wenn ich Autorität über die Funktion lebe, werde ich nie hochgradig engagierte Mitarbeiter haben. Die entscheidende Frage ist also: Welche Möglichkeiten habe ich der Führung? Ich habe die Möglichkeit, über Motivation zu führen. Das Thema hatten wir in Kapitel 2 schon einmal ausführlich. Ich habe die Möglichkeit, über Einsicht zu führen. Und ich habe die Möglichkeit, über Druck zu führen, über Autorität, also über die Funktion. Und je nachdem, auf welcher Führungsebene ich mich befinde, habe ich auch das entsprechende Mitarbeiterengagement. Deutlich wird das beispielsweise an dieser Grafik:

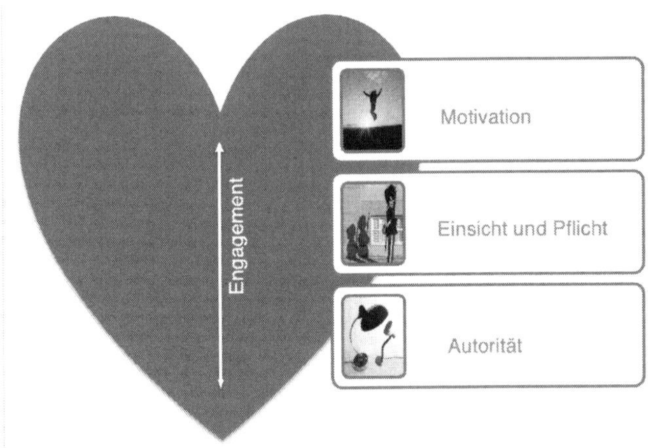

Abbildung: Erhöhung von Engagement/Motivation

Hier wird schnell sichtbar, dass, wenn ich unten bin, ich deutlich weniger Engagement von den Mitarbeitern bekomme, als wenn ich sie selbstmotiviert einfach laufen.

Hier unten heißt: Führung über eine hierarchische Funktion und hierarchische Autorität und vor allem über die Emotion Angst. Eine negative Emotion, die Kraft nimmt. Auch, wenn sie uns kurzfristig vielleicht sogar mal schneller macht, wenn wir beispielsweise einmal vor einem Löwen oder einem Mammut weglaufen müssen. In der Steinzeit oder in der wilden Steppe war und ist das sicher auch heute noch manchmal so. Die Business-Löwen sehen übrigens ganz anders aus, auch wenn sie die gleiche Emotion in uns auslösen. Es sind Chefs und Führungskräfte, die (noch) nicht verstanden haben, um was es bei Führung wirklich geht. Und die Auswirkungen sind katastrophal!

Angst lässt unseren Adrenalinspiegel ansteigen. Kurzfristig, wie gesagt, kein Problem. Auf Dauer allerdings sind die Folgen für unseren Körper und Geist extrem und sehr negativ. Der ständige Stressor verursacht nicht nur psychische Belastungen, es kommt sehr schnell auch zu körperlichen Problemen. Was alles dazu führt, weiß man mittlerweile sehr genau, und wir wissen auch, was man dagegen tun könnte. Nur meinen halt immer noch zu viele Führungskräfte, sie hätten die Legitimation und damit auch die Macht und das Recht, anderen Menschen so etwas anzutun.

Dann gibt es natürlich auch noch eine ganze Reihe an Führungskräften, die es einfach nicht besser wissen und können. Aber das lasse ich als Ausrede nicht gelten. Es wird Zeit, dass sich was dreht, um es mit dem Lied von Herbert Grönemeyer zu sagen. Es wird Zeit, dass wir von den Hierarchie-Rössern runterkommen und endlich beginnen, uns unter Menschen zu führen und zu fühlen.

Statt dieser Wertschätzung, einem menschlichen Umgang miteinander – um der Sache willen und den Mitarbeitern – erlebe ich in den Unternehmen aber immer wieder zu viel Druck und zu wenig Verständnis. Und da schließe ich die Führungskräfte nicht aus. Sie sind schließlich oftmals selbst ebenfalls in der Rolle als Geführte unterwegs. Und erleben von ihren Chefs ähnliches, sind aber – oder gerade deshalb – nicht in der Lage, es selbst anders, besser zu machen.

Mehr Druck vermindert die Leistung. Zumindest beim Menschen. Vor allem langfristig. Auch eine Maschine hält nur einen bestimmten Druck über eine bestimmte Zeit aus. Natürlich lässt sich dadurch die Leistung kurzzeitig erhöhen, aber wenn der Motor oder das Getriebe nicht mehr mitmachen ... dann ist Stillstand, dann stoppt die Produktion. Und das ist bei einem Menschen nicht anders. Ob es sich um die klassische Arbeitskraft oder Gedankenarbeit handelt ... irgendwann – und das oft schneller als man denkt – geht nichts mehr!

Genau das wollen wir nicht! Wir wollen doch motivierte Mitarbeiter. Stellt sich für Führungskräfte also die Frage: Wie bekomme ich die? Die Antwort darauf ist ebenso einfach, wie schwierig – vor allem in der täglichen Umsetzung: Indem ich als Person führe. Indem ich eine anerkannte Kompetenz habe. Das muss übrigens nicht unbedingt eine fachliche Kompetenz sein. Denn je komplexer die Dinge sind, die wir mittlerweile bearbeiten müssen, umso eher brauche ich die soziale Kompetenz, die da heißt, das Miteinander zu fördern mit unterschiedlichsten Menschen. Denn genau diese unterschiedlichen Menschen haben die unterschiedlichen fachlichen Kompetenzen, die es in Unternehmen oder in einem Team braucht. Die unterschiedlichsten Menschen zueinander zu führen, um letztendlich miteinander zur Wirksamkeit zu kommen. Das ist das Ziel einer guten Führung. Und das geht besonders gut über persönliche Ausstrahlung, Präsenz und Charisma. Mitarbeiter fragen sich zurecht: Traue ich dieser Person zu, sich gegenüber anderen durchzusetzen – Klammer auf: und uns als Gruppe dafür auch zu repräsentieren? Funktioniert das? Kann ich mir vorstellen, dass diese Person im Zweifel hinter mir steht und mir den Rücken stärkt? Wie glaubwürdig ist die Person dementsprechend für mich? Und natürlich die Frage: Welche Erfahrung im Umgang mit den unterschiedlichsten Interessensvertretern habe ich?

Eines muss Führungskräften bewusst sein: Wenn ich über die Person führe, dann führe ich automatisch ganzheitlich mit all meinen Ecken und Kanten, mit meinen Stärken, aber auch mit meinen Schwächen. Dann führe ich, weil ich als authentische Person wahrgenommen werde. Und Authentizität beginnt letztendlich bei jedem Einzelnen über das Thema Emotion. Das hatten wir in Kapitel 4 und damit schließt sich auch hier der Kreis einer empathischen Führung, die vollkommen ohne Hierarchie auskommt.

4.2 ZIELE FINDEN UND GEMEINSAM ERREICHEN

Wir alle lassen uns viel zu schnell ablenken. Verlieren häufig unseren Fokus. Kein Wunder – schließlich stürmen sekündlich unzählige Informationen auf uns ein, treffen wir – ob real oder virtuell – ständig neue Menschen, die etwas von uns wollen, ja sogar fordern. Gibt es ein Rezept, um heute als Führungskraft erfolgreich zu sein? Schön wäre es, aber Nein. Es gibt einzelne Bausteine, die uns dabei helfen, alte Muster zu verlassen und neue Wege zu beschreiten. Ziele sind dafür natürlich ein entscheidender Punkt. Und das gilt für dich als Führungskraft ebenso wie für dein Team und jeden einzelnen Mitarbeiter.

Führungserfolg kommt von Machen. Und zwar dem täglichen Tun, den vielen kleinen Schritten – das habe ich in diesem Buch mehr als einmal betont. Und trotzdem schadet es absolut nichts, vor dem Tun erst einmal zu Planen. Setzen wir uns alleine und zusammen Ziele, ist die Chance um ein Vielfaches größer, diese auch zu erreichen. So sehr ich dir als Führungskraft also zum Handeln rate, so sehr empfehle ich dir, dabei strategisch und konzentriert vorzugehen. Und das sowohl, wenn es um deine persönlichen Ziele geht, als auch, wenn es darum geht, deine Mitarbeiter zu motivieren (oder zumindest nicht zu demotivieren). Nimm sie mit, setzt euch hohe, aber realistische Ziele, dann kommst du, deinem Ziel eine gute Führungskraft zu sein, zu bleiben oder zu werden. ebenso näher, wie ihr als Team.

Sind die Ziele definiert, überlegst du sowohl für dich als auch zusammen im Team, sind die richtigen Menschen in unserem Support? Sich regelmäßig mit anderen auszutauschen, um den weiteren Weg zu besprechen und die nächsten Schritte zu diskutieren, ist die Minimalanforderung, um erfolgreich zu sein – als Führungskraft und als Team.

Netzwerken als Pflichtprogramm!

Kennst du die nötigen Personen für dein/euer Vorwärtskommen? Dann überleg doch mal für dich ganz persönlich ...

- **Hast du einen Freund?**

Jemand, der dich emotional auffängt, wenn du Hilfe brauchst. Jemanden zum Reden, Lachen und Weinen.

- **Hast du einen Cheerleader?**

Jemand, der total von dir überzeugt ist. Jemand, der sich immer hinter dich stellt. Der dich einfach toll findet.

- **Hast du einen Peer?**

Jemand, mit dem du jederzeit ohne Fassade alle Themen diskutieren kannst. Der dich fachlich hinterfragt – ohne Versteckspiel, sondern offen und ehrlich.

- **Hast du einen Mentor?**

Jemand, der dich nimmt, wie du bist, hierarchisch und/oder erfolgstechnisch besser unterwegs ist als du. Der dir Tricks und Kniffe verrät und dich mit den richtigen Menschen bekannt macht. Und dir auch zeigt, was du noch lernen musst, um dort anzukommen, wo du hinwillst.

- **Hast du einen Coach?**

Jemand, der dir die richtigen Fragen stellt und mit dem du genau das trainieren kannst, was fehlt, um den nächsten Schritt zu gehen.

Sind deine Ziele definiert und du kennst deine Supporter, überleg dir, wer in deinem Umfeld kann dir welches Maß an Unterstützung zukommen lassen.

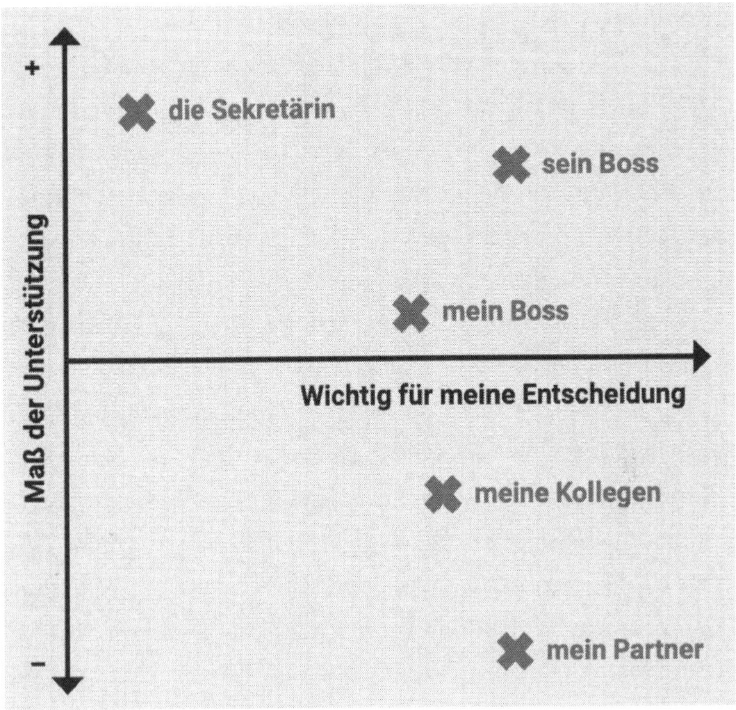

Abbildung: Maß an Unterstützung

Ein einfaches Beispiel: Du suchst einen neuen Job. Strebst du eine andere Position an, solltest du wissen, welche Menschen darüber entscheiden. Sind diese Menschen darüber informiert und von dir überzeugt? Glückwunsch! Alle anderen solltest du immer wieder auf dich aufmerksam machen. Die obige Grafik hilft dir beispielsweise dabei, die Bedeutung verschiedener Gesprächspartner für dich einzuordnen und zu priorisieren.

Das Bild kann übrigens je nach Thema und angestrebter Entscheidung anders ausfallen. Umso wichtiger ist es, diese Landkarte der Menschen hinsichtlich ihrer Bedeutung für deine Entscheidungen und deren Maß an Unterstützung für dich immer wieder neu zu erstellen. Du trägst ein, wie wichtig die jeweilige Person für deine Entscheidung ist. Je wichtiger, desto weiter rechts auf der horizontalen X-Achse. Auf der vertikalen Y- Achse achtest du darauf, inwiefern der einzelne dich schätzt, bzw. deine Ideen unterstützt. Schließlich überprüfst du, ob du ALLE eingetragen hast, die bei der Entscheidung mitwirken: Der Chef, der dich befördert? Seine Sekretärin, die dich immer wieder abwimmelt? Deine Familie, deine Freunde ... letztendlich führt alles zu der entscheidenden Frage: Mit WEM musst du WIE reden?

Und auch wenn dieses Thema jetzt erst einmal auf dich als Führungskraft ausgerichtet ist, all das kannst und solltest du auch auf dein Team übertragen bzw. deinen Mitarbeitern vermitteln. Umso mehr gemeinsam an einem Ziel arbeiten – und das noch dazu so strukturiert und strategisch – umso leichter lässt es sich erreichen.

Immer wieder sehe ich, dass in Unternehmen genau dieser Schritt übergangen wird – und dann kommt die große Verwunderung, weil einem „Politik" vorgeworfen wird, alleine aus dem Grund, dass ich nicht alle Parteien und Betroffenen (rechtzeitig und transparent) informiert habe über das Ziel. So einfach – und doch so schwer – ist es manchmal!

4.3 INTROVERTIERT, EXTROVERTIERT – MITEINANDER WACHSEN

Darüber, ob Führungskräfte eher extrovertiert oder introvertiert sein sollten, wird ebenso diskutiert wie darüber, ob introvertierte und extrovertierte Menschen eine andere Führung brauchen. Die Antwort ist: Es gibt darauf keine Antwort! Zumindest gibt es kein eindeutiges Für und Wider. Es gibt nun einmal verschiedene Persönlichkeitstypen und eine ganze Reihe an Typologien können zwar aufzeigen, wie jemand tickt, wie er sich (wahrscheinlich) in bestimmten Situationen verhält, wie er kommuniziert, wie er führt. Allerdings kommt es dabei immer noch auch auf das Gegenüber an.

Schließlich braucht es mindestens zwei Menschen, denjenigen, der führt, und denjenigen, der geführt wird. Und in der Konstellation ist eine Differenzierung in intro- oder extrovertiert schon sehr vereinfacht.

Letztendlich fängt alles erst einmal mit dem Bewusstsein an, dass Menschen, die anders sind, nicht doofer oder schlauer, fies oder gemein sind, dich nicht ärgern wollen und dich nicht deswegen so behandeln, wie sie dich behandeln, weil sie dich total bescheuert finden, sondern einfach, weil sie eine andere Typologie haben. Weil ihr Kopf anders, weil ihr Gehirn anders tickt. In meinen Seminaren mache ich gerne eine Übung dazu: Ich fordere alle Teilnehmer dazu auf, einmal spontan die Hände zu falten. Und dann frage ich in die Runde, welcher Daumen denn vorne liegt. Nach dem Blick auf die eigenen Hände, wandert dieser schnell zum Nachbarn.

Es sind immer Leute dabei, die ihren linken Daumen vorne haben und andere, deren rechter Daumen oben ist. Meine nächste Frage lautet, was wohl richtig ist? Gibt es hier überhaupt ein richtig oder falsch? Natürlich nicht! Aber wichtig ist es einfach, dass du erst einmal weißt, a) wie tickst du selber. Und b) wie ist der andere drauf. Um dann aus dem, wie du tickst, und wie du erkennst, dass der andere tickt, zu schauen, wie ticken wir miteinander. Wie fühlt jeder für sich und wie kriegen wir das irgendwie emotional zusammen, um eine gute Ausgangslage für unser Tun zu finden.

Natürlich gibt es einen großen Unterschied zwischen introvertierten und extrovertierten Menschen. Die Extrovertierten, die sind halt sehr schnell, auch in der Beantwortung von Fragen. Die denken während sie reden. Die haben auf alles schon einmal eine erste Antwort. Und wenn die dann nicht richtig ist, dann kann man die ja verbessern. Extrovertierte sind Menschen, die – so ist es letztendlich auch definiert – ihre Energie aus der Kommunikation, aus der Interaktion mit anderen beziehen.

Introvertierte brauchen das nicht. Introvertierte holen ihre Energie aus sich selbst. Also wenn ich ein Seminar gebe und ich habe da den typischen Querschnitt, dann ist es klar, dass die Introvertierten sich nach dem Seminar auf ihr Zimmer zurückziehen und erst einmal ihre Ruhe haben wollen, während die Extrovertierten sich direkt an der Bar treffen. Ein Klassiker. Kann man gut beobachten. Es sei denn, du gibst den Rahmen vor und sagst: „Wir treffen uns jetzt alle an der Bar.“ Dann kommen auch die introvertierten gleich dazu – ob sie es wirklich gerne tun, steht allerdings auf einem anderen Blatt.

Letztendlich hat jeder Mensch seine eigenen Bedürfnisse. Und schon Hippokrates hat gesagt: Wenn du möchtest, dass Menschen etwas für dich tun, dann ist es hilfreich, wenn du ihre Sprache sprichst. Führung ist in erster Linie einmal nichts anderes als Kommunikation. Oder anders ausgedrückt: Führung ist immer auch eine Beziehung, und die Form unserer Kommunikation entscheidet über die Art der Beziehung mit dem anderen. Je besser ich also als Führender verstanden werden will, desto eher schaffe ich das, wenn ich die Sprache des anderen spreche.

Wenn ich also jemanden gegenüber habe, der extrem introvertiert ist und ich selber bin auch introvertiert, dann habe ich damit wahrscheinlich relativ wenig Probleme. Denn letztendlich haben Introvertierte und Extrovertierte auch eine andere Art von – ich nenne es jetzt mal – Geschwindigkeitswahrnehmung. Wenn ich den Introvertierten etwas frage und ich rede dann direkt weiter, wie ich das als Extrovertierter so gerne tue, dann brauche nicht darauf zu warten, dass der Introvertierte antwortet.

Wenn ich von einem Introvertierten etwas wissen mochte, dann muss ich ihn fragen und dann muss ich meine Klappe halten. 21, 22, 23, 24, 25, 26 … immer schön weiter zählen und abwarten … das fällt Extrovertierten unglaublich schwer. Denn in der Zeit haben sie ja schon wieder 25 neue Ideen. Insofern ist die Führung von Introvertierten natürlich völlig anders als die Führung von Extrovertierten. Sonst geht das schief, wie das Beispiel aus einem meiner Coachings zeigt: Erst vor wenigen Tagen hatte ich ein Gespräch mit einer Führungskraft, im Insights MDI-Modell hochgradig rot, der sich lautstark beschwert hat: „Das mit der offenen Kommunikation ist ja gut und schön, aber meine Mitarbeiter können das einfach nicht!" Ich habe ihn gefragt, wie lange gibst du ihnen denn Zeit mit der Antwort auf deine Fragen. „Na, die muss schon Pronto kommen.", erklärte er mir.

Das heißt jetzt natürlich, um anders, sprich mit einem besseren Ergebnis, zu führen, muss er als Führungskraft erst einmal seine Kommunikation umstellen. Oder zumindest muss ich mir bewusst sein, dass ich anders kommunizieren muss und gemeinsam mit meinem Gegenüber überlegen, was braucht er, was brauche ich, damit wir bestmöglich miteinander interagieren können. Und da zeigt sich schon die Vielfalt der Möglichkeiten, weil eben auch wir Menschen vielfältig sind.

Auch wenn es dabei immer wieder Bedenken gibt, inwieweit sich eine Führungskraft zeigen soll, sich öffnen darf – genau an dieser Stelle ist es sogar notwendig und extrem wichtig, sich selbst auch als Mensch zu zeigen. Wie will ich verstanden werden, wenn ich nicht selber sage, wo ich stehe. Und auch wenn unter den Führungskräften der Anteil an Extrovertierten sicherlich überwiegt, gibt es auch tolle introvertierte Führungskräfte. Deren Führung ist einfach nur anders. Umso wichtiger ist es aber in allen Konstellationen, offen zu kommunizieren, damit sich nicht nur die gleichgesinnten auf Anhieb gut verstehen, sondern auch die andersgesinnten merken, wie wertvoll das Zusammenwirken ist, wenn Menschen unterschiedliche Stärken haben.

Gerade die Introvertierten werden oft unterschätzt. Ich habe das selbst schon erlebt. Als stark extrovertierte hatte ich einmal eine Nachfolgerin, die extrem introvertiert war. Meine ehemaligen Mitarbeiter hatten damit erst einmal alle sehr große Probleme. Ich habe sie um Verständnis und Geduld gebeten. Schließlich wusste ich, dass meine Nachfolgerin mindestens ebenso kompetent war – auch wenn sie eine ganz andere Art hatte, das Team zu führen oder beispielsweise Entscheidungen zu treffen. Ein besser oder schlechter gibt es da nicht. Nur ein anders. Ja, Extrovertierte treffen Entscheidungen oft schneller, aber dafür hören Introvertierte eher zu, nehmen sich mehr Zeit, um Lösungen zu suchen, gehen in Zusammenhänge tiefer rein und nehmen die Mitarbeiter mehr mit.

Menschen sind unterschiedlich und genau diese unterschiedlichen Fähigkeiten bereichern jedes Team. Wo beziehe ich meine Energie her? Wie treffe ich Entscheidungen? Wie komme ich an Ziele? Tue ich das eher faktengestützt oder eher menschenbasiert? Oder wo auf der breiten Skale der beiden „Extreme" befinde ich mich? Je nachdem, wo ich auf der Skala bin, habe ich andere Vorzüge, die ich in ein Team einbringen kann.

Und letztendlich ist auch da nicht mehr alles auf immer und ewig festgeschrieben. War es früher oft noch so, dass ein Mitarbeiter vielleicht ein- oder zweimal den Wechsel einer Führungskraft miterlebt hat, weil eine in den Ruhestand ging und die zweite sich vielleicht innerhalb des Unternehmens noch einmal verändert hat, ist das heute meist nicht mehr so. Teams formieren sich schneller und meist auch nur auf eine bestimmte Zeit. Damit wird Führung schneller und wechselhafter. Sich darauf einzustellen ist für Extrovertierte natürlich sehr viel einfacher als für Introvertierte. Für die ist das eine riesengroße Herausforderung, weil sie mit etwas (schneller Wandel) konfrontiert werden, was nicht ihre Kernkompetenz ist. Ganz anders die Extrovertierten: Yes, endlich ein neuer

Chef, da kommt frischer Wind in die Bude. Für die „Roten" (siehe Insights MDI-Modell) kann ein Tag gar nicht genug Aufregung haben. Sie fühlen sich umso wohler, je mehr sie von ihren Checklisten abhaken können. Für die „Blauen" oder die „Grünen" (vgl. Insights) kann alleine schon der Wechsel von einem Büro in ein anderes der blanke Horror, oder zumindest sehr belastend sein. Dafür hatten wir Extrovertierten es gerade in der Corona-Zeit deutlich schwerer, weil wir nicht das bekommen haben, wo wir unsere Energie rausziehen, nämlich direkte und persönliche Kontakte mit anderen Menschen.

Wie diese Beispiele zeigen, können unterschiedliche Situationen ganz unterschiedliche Herausforderung darstellen, je nachdem welcher Typ man ist. Eines aber ist in der Führung besonders wichtig zu wissen: Genau diese Vielfalt an Empfindungen und unterschiedlichen Herangehensweisen machen unser Leben spannend. Wären alle gleich, ich möchte mir die Welt – weder privat noch beruflich – vorstellen. Nicht nur die Herausforderung zu erkennen, sondern die Chance auch täglich an- und wahrzunehmen, das macht echte leidenschaftliche Führung aus. Und genau solche Führungskräfte brauchen wir heute und in Zukunft!

4.4 LEADERSHIP WIE ES (NICHT) SEIN SOLL

Manchmal ist Führung gut und manchmal weniger. Manchmal ist das so, weil sie festgeschrieben ist und in Unternehmen schon immer so gelebt wurde und wird. Manchmal wird Führung aber auch nur als gut oder weniger gut wahrgenommen, weil Worte immer auslegungsfähig sind. Und am Ende des Tages erlebe ich ganz oft, dass alles letztendlich in Beziehungskonflikten abgebildet ist. Denn entweder ist die Beziehung gut, dann bekomme ich als

Führungskraft auch alle möglichen Konflikte im Einklang mit dem anderen schnell gelöst. Oder die Beziehung ist schlecht und dann laufen wir in ein Kommunikations-, ein Beziehungs- und damit auch in ein Führungsdilemma hinein.

Dann stoppt sozusagen das Leadership mitten auf hoher See – oder verlässt erst gar nicht den Hafen. Friedrich Glasl hat das am Beispiel eines Konfliktes bzw. der Konflikteskalation in 9 Stufen wunderbar aufgeführt. Die Frage ist nur, was können Führungskräfte tun, damit es nicht zum gemeinsamen Untergang, also der letzten der 9 Stufen kommt? In der Führung bewegen wir uns unaufhörlich irgendwo zwischen den 3 Ebenen Win-Win, Win-Lose und Lose-Lose hin und her. Mal geht es schnell hinab und die Führung droht komplett zu scheitern, mal können wir den Abstieg gerade noch aufhalten und schaffen es zurück zu einem guten Miteinander.

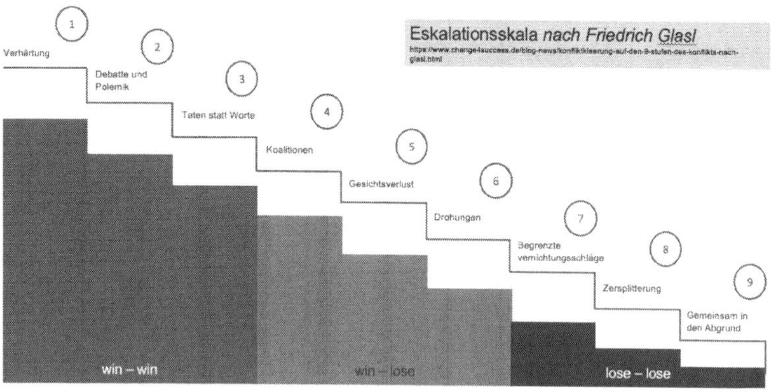

Abbildung: Eskalationsskala nach Glasl

Diese Schritte passieren übrigens nicht immer bewusst. Und die Verhärtung ist nur der Anfang. Nach den Debatten kommen die Taten, es fallen also keine Worte mehr, sondern Aktionen, indem man nicht mehr informiert, indem man Mails nicht mehr weiterleitet, indem man Aufgaben nicht erledigt etc. pp. Dann passiert es, dass ich Koalition bilde, dass ich meine Mitarbeiter mit ins Boot nehme und sage, der ist aber ein Blödmann. Ja, und die andere Partei macht das genauso, ach Mensch, mit der Tussi müsst ihr überhaupt nicht reden, das macht sowieso keinen Sinn. Die logische Folge: Gesichtsverlust, Drohungen, Zersplitterung etc. pp.

Die Ausfallquoten und Kosten anhand schlechter Konfliktlösungen und so auch schlechter Führung sind übrigens enorm. Man spricht von bis zu 30 Prozent der Personalkosten (Quelle: https://adler-berger.com/wp-content/uploads/2021/01/Wirtschaftskammer_Oesterreich_2006_Neue_Wege_der_Ergebnisverbesserung_Qualitative_Studie_zur_betriebswirtschaftlichen_Erfassung_von_Konfliktkosten.pdf). Kein Wunder, schließlich sind die Mitarbeiter eher damit beschäftigt, sich miteinander zu fetzen und in der Kaffeeküche darüber zu reden, anstatt zu überlegen, wie man das Unternehmen weiter nach vorne bringen könnte und was doch vielleicht gute coole Ideen wären. Aber keine Panik! Je früher man diese Konflikte sieht, also bereits in den ersten Stufen, umso leichter ist es, zu einer Einigung zu kommen. Und genau dazu braucht es einer (guten) Führung!

Manchmal reicht es schon, einfach nur ordentlich darüber zu reden. Indem die Führungskraft die Beteiligten zusammenholt und das Gespräch begleitet – im Idealfall natürlich mit ausreichendem Wissen um Mediation u.a. – kommt sie ihrer Aufgabe schon nach. Im mittleren Bereich, wenn einer zu verliert droht, weil der andere gewinnt, braucht es auf jeden Fall die Hilfe sachkundiger Dritter. Das kann beispielsweise die HR-Abteilung sein. Große Unternehmen haben dafür zum Teil sogar eigene Eskalationsmanager. Das kann aber auch ein externer Mediator sein, der gerufen wird, um einzugreifen, einfach weil in der Führung hier die anfänglichen Chancen verpasst wurden.

In der letzten Ebene, in der beide zu verlieren drohen, kann es eigentlich nur noch zu einer Entscheidung von oben kommen. Und von oben, wenn man wieder in Berichtslinien denkt, heißt in Unternehmen wirklich von der nächsten oder übernächsten Instanz, bis hin zum Vorstand. Findet der Streit zwischen zwei Unternehmen statt, dann ist es an der Stelle oft auch leider keine Mediation mehr, sondern dann ist es das Gericht, dann kommt es tatsächlich zu Rechtsstreitigkeiten. Und in Rechtsstreitigkeiten verliert jeder – Geld oder das Gesicht. Ganz selten, dass so etwas doch noch ein gutes Ende nimmt.

Was ich persönlich oft erlebe, ist, dass man bei Mediationen mit dem Blick des Externen doch ganz anders darauf schaut. Auf das, was (und wie es) vorgefallen ist, wie es die einzelnen Beteiligten empfinden und worauf sich die Parteien letztendlich einigen. In der eigenen Bewertung erscheint das oft unfair für den einen oder für den anderen. Aber wenn es trotzdem für die beiden eine gute Lösung ist, muss man auch als Führungskraft oder Mediator loslassen.

Meine Aufforderung an Führungskräfte lautet: Wenn ihr Konflikte riecht, dann kommt eurer Aufgabe nach – und führt! Und glaubt mir, man riecht sie, man spürt sie. Jetzt in der Zeit der virtuellen Welten etwas schwieriger als vorher, aber nichtsdestotrotz, man bekommt sie mit. Wir schaffen es nur so gut, einfach unseren Kopf auszuschalten oder anzuschalten und zu sagen: „Ach komm, da hast du dir was eingebildet, da ist nichts."

Mein dringender Appell: Achtet auf eure Intuitionen, sobald da irgendetwas ist, fragt zumindest einmal nach! Ihr werdet es bereuen, wenn ihr es nicht getan habt. Wenn ihr seht, dass es auf der Treppe abwärts geht. Schlimmstenfalls bekommt ihr zur Antwort: „Nein, es ist alles gut!" Bestenfalls ist dann auch alles gut, nichts ist passiert und ihr habt einfach einmal euren Caring-Aspekt für eure

Leute wahrgenommen, was euch niemand negativ auslegt. Schlimmstenfalls ist nicht alles gut. Dann wird sich der eine oder andere, wenn er Hilfe braucht, daran erinnern, dass ihr schon mal nachgefragt habt. Realisiert er später also, dass er wirklich Hilfe braucht, dann kann und wird es sich deutlich leichter an euch wenden. Als Führungskraft kannst du also durch eine Nachfrage nur gewinnen! Du signalisierst deine Bereitschaft, zur Problemlösung beizutragen, und das ist Führung, wie sie sein soll!

4.5 WERT-VOLLE FÜHRUNG = EINE ADAPTIVE, SITUATIONSGERECHTE FÜHRUNG

Unsere schnelllebige und herausfordernde Zeit verlangt von Führungskräften und Leadern jetzt endgültig, voll und ganz mitzuziehen. Ohne geht es nicht mehr in den Unternehmen. Die Zeiten von Kompromissen sind längst vorbei! Und eigentlich wäre das natürlich schon immer nötig gewesen. Allerdings haben sich Führungskräfte oft nicht entwickelt, früher nicht, jetzt nicht ... und viele werden auch in Zukunft noch in den alten Mustern weitermachen. Ich selbst habe meine allererste Teamentwicklungsmaßnahme, in der es darum ging, wie werde ich eine gute Führungskraft, 1997 gemacht. Damals schon haben die beiden Trainer genau das gepredigt, was jetzt mit dem New Normal eigentlich gewollt wird. Ich selbst habe in der Deutschen Telekom seit 2008 dieses Verständnis mit verbreitet. Das ist mir, ob als Führungskraft oder jetzt als Trainerin und Coach, schon immer ein ganz wichtiges und zentrales Anliegen gewesen.

Immer geht es dabei ja auch um das Verständnis, was Führung überhaupt ist, was Methoden für den Einzelnen und das Team bedeutet. Was heißt denn das genau, eine richtige, wertvolle

Führung? Als vor ein paar Jahren dieser Hype um Agilität entstand, habe ich gesagt: Was soll das Ganze? Letztendlich ist auch das wieder nur alter Wein in neuen Schläuchen. Natürlich ist es das, aber ich habe im Laufe der Zeit auch erkannt: Na ja, gut, letztendlich ist das eine smarte Umbenennung alter Leadership-Weisheiten und Prinzipien und wenn Unternehmen sich eher mit diesen neuen Begrifflichkeiten und anderen Begründungen identifizieren können, ist das doch o.k. Alles ist besser als Stillstand.

Und auch Corona hat letztendlich wie ein Katalysator gewirkt. Plötzlich ging es nicht mehr anders. Jetzt gibt es eben keine Ausreden mehr. Und das heißt nicht, dass ich alles an Agilität toll finde. Es kommt wie immer komplett auf den Kontext an, in welcher Situation ich wie entscheide und in welcher Situation ich wie führe. Und zu der Situation gehört auch mein Gegenüber. Einen jungen Menschen, der gerade aus der Uni kommt, werde ich sicherlich anders führen als jemanden, der schon 20 Jahre Berufserfahrung hat und genau weiß, was er tut. Und vielleicht auch noch mal anders als jemanden, der von einer anderen Firma kommt, seit 30 Jahren es immer genau so gemacht hat und meint, er möchte es jetzt genau so auch weiter machen. Das kann gut sein, das kann auch total daneben gehen. Ich muss mich halt anpassen. Und diese Anpassungsfähigkeit erfordert erst mal ein bewusstes Einschätzen der Situation und damit natürlich auch immer: Das fängt bei mir an, ich muss mich erst mal selber kennen, wie ticke ich denn?

Das ist das, was ich unter adaptiver, situationsgerechter Führung verstehe. Und genau diese adaptive Führung möchte ich euch ans Herz legen. Weil ansonsten vielleicht eine andere Form der Führung, die gerade sehr oft zitiert wird, die Oberhand gewinnt: die toxische Führung.

Für mich umfasst eine toxische Führung zwei Komponenten: Erstens, dass ich als schlechte Führungskraft noch schlechtere

Mitarbeiter einstelle. Und zweitens, dass ich die Potenziale der Mitarbeiter nicht nutze, sondern beides lieber kleinhalte. Die Absicht ist klar: Neben jemand Schlechtem wirke ich immer toll. Im Grunde genommen ist das aber gar keine Führung. Das ist nur ein michselber-gut-darstellen. Und ich werde damit natürlich auch meinem Auftrag nicht gerecht.

Was ist denn meine Rolle als Führungskraft? Einfach erklärt und auf dem gemeinsamen geringsten Nenner gebracht, hat jede Firma eine Strategie und bestimmte Prozesse, um Dinge herzustellen oder Dienstleistungen zu erbringen, die für andere nützlich sind. Die Produkte werden anschließend möglichst gewinnbringend verkauft. In diesem Ablauf brauche ich Führungskräfte, um die Informations-Kaskade sicherzustellen, damit alle im Unternehmen das wissen, was sie wissen müssen, um ihre Aufträge und Arbeiten bestmöglich zu erledigen. Genau dafür brauche ich aber auch die bestmöglichen Menschen. Wenn ich also schlechtere Mitarbeiter einstelle, kann ich für die Firma nicht das erreichen, nicht den Output bekommen, wie wenn ich gute Mitarbeiter einstelle. Und wenn ich dann, egal, wen ich als Mitarbeiter habe, diese kleinhalte, ihre Meinung nicht wertschätze, sie auch nicht entwickle, sondern sie einfach nur als „kleine Maschinen" einsetze, die von links nach rechts wuseln und dem Unternehmen in seiner Gesamtheit nicht nutzen, dann ist das für mich auch toxisch.

Toxisch warum? Weil ich einfach den mir gegebenen Auftrag nicht so gut ausführe, wie ich es tun könnte. Und wenn ich dann noch, das wäre eine weitere, dritte Komponente, so „giftig" bin, dass ich es schaffe, Nachbarabteilungen mit reinzuziehen in den Schlamassel, ja, dann bin ich richtig toxisch. Und wieder komme ich zu dem Schluss: Letztendlich ist das keine Führung!

Für eine adaptive Führung braucht es den Weitblick und eine eigene hochgradige Entwicklungsfähigkeit. Aber nicht nur dass!

Hinzu kommt dann auch noch eine hohe Empathie, um die Entwicklungsfähigkeit von anderen abschätzen zu können und diese zu nutzen. Führungskräfte werden nicht umsonst höher bezahlt, sie müssen dafür sehr viel leisten. Das ist zum Teil auch Schmerzensgeld. Also da muss ich auch Gespräche führen, die ich vielleicht nicht führen möchte, weil sie kritisch sind und eventuell wehtun. Aber genau das ist nun einmal die Aufgabe einer Führungskraft. Führung heißt also nicht einfach nur weitermachen und dafür mehr Geld kriegen.

4.6 VON WERTEN, DEM SINN UND DER BEWUSSTEN FÜHRUNGSROLLE

Treffen wir auf motivierte Führungskräfte haben diese meist den Anfang damit getan, sich selbst zu kennen und zu akzeptieren. Sie sind sich ihrer Stärken und Schwächen bewusst. Sie haben mit dem aktuellen Job eine Möglichkeit gefunden, ihren eigenen Lebens-Sinn - den Purpose - zu verwirklichen. Zweitens haben sie meist schwer dafür gearbeitet, gut in dem zu sein, was sie tun. Es zu beherrschen. Und drittens schätzen sie die Autonomie, also das, was sie tun, so machen zu können, wie sie es für richtig erachten. Das kommt natürlich auch den Mitarbeitern zugute, die in dieser grundsätzlich förderlichen Führungskultur ebenfalls wachsen und sich entwickeln können.

Leider ist in vielen anderen Fällen der Sinn einer Führungskraft aber immer noch zu häufig das Statusdenken. Da geht es mehr um Karriere und Macht, und weniger um Werte und Menschen. Unterscheiden muss man bei dem Thema sicher auch noch zwei ganz unterschiedliche Fälle: Wenn jemand Führung machen will, sich also bewusst entscheidet, eine Führungsrolle zu übernehmen, dann sieht er natürlich schon meist auch einen Sinn in seinem Tun. Was aber passiert mit Führungskräften, die da irgendwie reinrutschen? Und das sind ja immer noch eine ganze Menge.

Wenn wir auf dem Weg in den Urlaub sind, ist es wichtig, das Navi zu programmieren bzw. in den richtigen Zug zu steigen, das richtige Gate zu finden, damit das Transportmittel uns in die richtige Richtung befördert. Dafür müssen wir jedoch vorher festgelegt haben, wo wir überhaupt hinwollen. Befinden wir uns in der Mitte von Deutschland, liegt Rom in einer anderen Richtung als Stockholm. Auch im Leben ist es unglaublich wichtig, zuerst zu schauen, wo wir hinmöchten. Was treibt uns an? Welche Werte wollen wir wirklich leben. Was könnte unser Ziel – oder zumindest eine Zwischenstation – sein? Dabei helfen dir als Führungskraft sicher folgende Fragen:

- **Was kann ich richtig, richtig gut?**

Wofür loben mich andere? Wozu werde ich gerne gefragt, ob ich das übernehmen kann? Wann leuchten meine Augen? Wovon berichte ich meinen Freunden am aufgeregtesten?

- **Wenn ich mir eine Sache aussuchen dürfte, bei der ich nicht scheitern werde – was würde ich tun?**

Oft hindern uns Ängste daran, Dinge anzugehen. Dann denken wir in Aber statt in Wie.

- **Wovor habe ich Angst?**

Was könnte schlimmstenfalls passieren?
Wichtig ist es, sich regelmäßig Zeit für diese Fragen (und damit sich selbst) zu nehmen. An einem möglichst angenehmen Ort schreiben wir die Antworten auf, die direkt in uns hochsteigen – ohne Anspruch auf „richtig sein“ oder „Sinn ergeben“. Anschließend lesen wir unsere spontanen Antworten noch einmal durch. Und wenn

nun eine gute Fee dir HIER und HEUTE einen Wunsch erfüllen würde, was würdest du wollen? Wie sähe deine Vision aus?

- **Was ist es, was mir daran Spaß macht?**

Normalerweise sind es die Dinge, die unseren innersten Kern ansprechen, die uns rundum glücklich – und im Idealfall auch erfolgreich machen.

Sprechen wir über das Thema „Purpose“, dann ist für mich als Coach immer wieder eine Frage wichtig: „Hey, wofür kann ich dich nachts um halb vier wecken? Was würdest du auch da noch mit Spaß an der Sache, ohne zu fragen und einem glücklichen Grinsen im Gesicht machen? Und nicht einmal merken, wenn der Wecker klingelt?

- **Was daran ist es genau, was mir Spaß bereitet?**

Sagt jemand beispielsweise „Gitarre spielen“, müsste er eigentlich Rockstar werden. Oft sind es allerdings die Dinge hinter den Dingen, die uns Freude machen. Die Kreativität, Musik zu erschaffen. Die Gemeinschaft, wenn wir in einer Band spielen. Oder eher das Gegenteil: die Einsamkeit, wenn wir es jeden Abend für uns im Keller ganz alleine tun.

Was ist also das Dahinter, das dir wirklich Spaß macht? So kommst du an deinen Purpose. Wenn dir Führung Spaß macht, weil es deinem Statusdenken gerecht wird und du dadurch ein größeres Auto fahren kannst, ist das natürlich o.k. Wenn dir Führung Spaß macht, weil du gerne mit Leuten umgehst, weil du gerne Menschen entwickelst, weil du gerne im Miteinander bist und gemeinsam vorwärtskommen willst, weil du jemand bist, der ein Team gut in eine Richtung führen kann, wenn du Spaß hast an Umsetzung, dann bist du in der Führung wirklich gut aufgehoben.

Aber noch einmal zurück zu den Führungskräften, die da reinstolpern – oder hineinversetzt werden. Da gibt es für mich auch wieder zwei Kategorien: Die einen versuchen einfach das zu adaptieren, was sie vorgelebt bekommen. Umso schöner, wenn das klappt und sie damit erfolgreich sind. Schließlich gibt es in vielen Unternehmen ja auch Kulturen, in denen das Thema „Mitarbeiterführung" im Sinne von Leadership schon ernstgenommen wird.

Nach dem Adaptieren, noch dazu, wenn das gut funktioniert, kommt dann aber für jede Führungskraft früher oder später auch mal der Punkt, an dem sie sich fragen wird: „Wer bin ich denn selber und wie interagiere ich mit anderen?" Will ich die positive Leadership-Kultur einfach weiterführen und ausbauen? Oder befinde ich mich tatsächlich in einer Kultur, in der Hierarchien und Autorität gelebt wird, dann werde ich vielleicht auch weiterhin nach oben buckeln und nach unten treten. Das sind aber nicht die Führungskräfte, die meiner Meinung nach diesen Namen verdient haben. Oder du änderst was und das Buch hier hat dir vielleicht die eine oder andere wertvolle Anregung dazu gegeben.

Das Thema Sinn ist sicher auch eine Generationenfrage. Je jünger deine Mitarbeiter sind, vielleicht Generation W and Z, umso mehr ist dies „Sinnhaftigkeit des Tuns" ein Thema. Wenn wir als Unternehmen und als Führungskraft also keinen Sinn aufzeigen können, und im Idealfall passt dieser Sinn auch noch zum persönlichen Purpose des jeweiligen Mitarbeiters, dann motivieren wir niemanden nicht mehr. Ja aus diesem Grund verlassen reihenweise fähige Mitarbeiter Unternehmen – und übrigens auch Führungskräfte, so sehr sie diese auch persönlich schätzen.

Das zweite wichtige Thema ist Autonomie. Die meisten Menschen wollen es so machen, wie sie meinen, dass es richtig ist. Also, wenn ich jemandem alles vorschreibe, dann werde ich keine Freude an seinem Tun wecken. Wir denken aber immer unsere Art und Weise ist dir richtige. Schließlich sind wie unser eigener Standard. Wir nehmen uns selber als die Norm. Das heißt, alles, was anders ist, ist erst einmal schlechter. Den Höhepunkt brachte mal mein Professor bei der zweiten Korrektur meiner Doktorarbeit, als ihm nichts mehr einfiel, als zu sagen: Frau Althaus – damals hieß ich noch Althaus – diese Kurve ist zu gelb. Das sind die Führungskräfte, die letztendlich egal was du schreibst, jeden Text umschreiben. Warum? Na ja, weil er nicht so klingt, als wenn sie ihn selber geschrieben hätten. Steht denn das Richtige drin? Kann man das so formulieren? Ja. Dann bitte durchwinken.

Gib also den Menschen die Freiheit, die Dinge so zu tun, wie sie sie tun. Als Basis erklärst du ihnen den Sinn und den Nutzen, das heißt, warum und wie du etwas brauchst. Das ist wichtig, damit, wenn sie selbst Entscheidungen treffen müssen, das Ergebnis auch entsprechend den Vorgaben ist. Das kannst du als Führungskraft natürlich verlangen und musst es letztendlich auch sicherstellen. Aber dann lass ihnen die Freiheit, alles Weitere so zu tun, wie sie es wollen.

Gehen wir davon aus, dass Menschen gut sein wollen, in dem was sie tun, ist es nur legitim, sie einfach machen zu lassen. Schließlich heißt es ja Führungskraft und nicht Kontrollkraft. Und wer richtig führt, muss erfahrungsgemäß weniger kontrollieren!

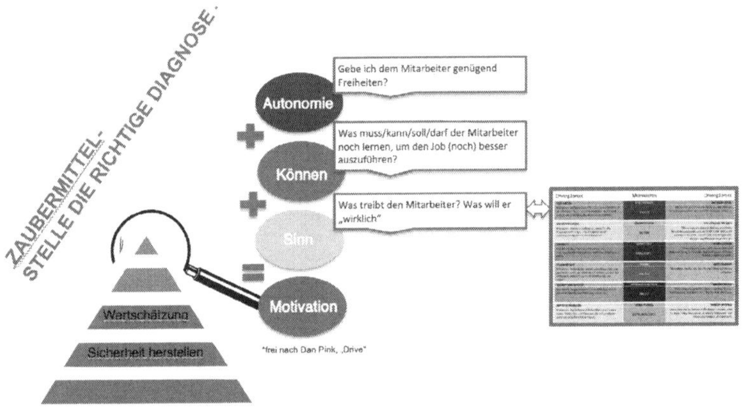

Abbildung: Zaubermittel – Kombination der Motivatoren

Wir können Menschen nur bis vor den Kopf schauen, wir können ihnen nicht in den Kopf hineinschauen. Schade eigentlich! Oder Gott-sei-dank! Würden wir alle Gedanken um uns herum hören, würden wir wohl alle verrückt werden. Ja, Motivatoren sieht man nicht. Man kann zwar lernen, diesen durch Beobachten auf die Schliche zu kommen, aber auch dann sind es erst einmal nur Vermutungen und eigene Interpretationen von Verhaltensweisen eines anderen. Der einzige Weg also, um herauszufinden, was motiviert meine Mitarbeiter, ist es, sie zu fragen. Und wenn du Mitarbeiter tatsächlich motivieren willst, dann geht das eben nur über Zuhören. Denn sie können dir nur erzählen und sagen, was sie motiviert. Und schon sind wir wieder beim Kernstück von Führung: dem Wert „Vertrauen".

Haben wir ausreichend Vertrauen, brauchen wir weniger Regeln, denn der Rahmen, das Why ist allen klar. Da fällt mir ein schönes Zitat des Trivago-CEO Rolf Schrömgens ein, der mir einmal in einem Gespräch gesagt hat: „Meine Mitarbeiter bekommen keine Regeln! Regeln machen faul und blockieren das Denken."

Auf den Punkt gebracht! Ja, Regeln führen zur Verdummung! Natürlich kann ich dann meinen Kopf ausschalten. Aber wir wollen doch Mitarbeiter, die nicht nur Mitarbeiter sind, sondern auch Mitdenker, ja sogar Mitgestalter. Und dafür müssen wir die Regeln so groß wie nötig und so klein wie möglich halten. Dann stören diese Regeln die Mitarbeiter auch nicht dabei, sich zu selber zu entfalten. Und genau das sollen sie können, um ihre Werte leben und ihren Sinn im Tun mit den Werten und dem Sinn des Unternehmens abgleichen zu können.

Unternehmen und Führungskräfte geben also einen Rahmen vor und dieser Rahmen ist dann letztendlich auch das große „Why". Wie wichtig das ist, zeigt folgende Geschichte, die ich selbst erlebt habe: Wir befinden uns in einem großen deutsches Telekommunikationsunternehmen in der Weiterbildungsabteilung. Mit dem Betriebsrat ist vereinbart, dass eine Schulung immer als ein Tag zählt. Werden nun aber über einen bestimmten Zeitraum 20.000 Mitarbeiter geschult, gibt es natürlich auch Fälle, wo mal ein Trainer krank wird, die Technik ausfällt, oder es gibt einen Feueralarm und das Ganze dauert eben nur einen halben, statt einen ganzen Tag. Eines Tages fragten mich meine Leute: „Ja, wie zählen wir das denn? Ist das dann ein Tag oder ist das kein Tag? Also ist das Ergebnis null oder eins?" Denn ein halber Tag war im System nicht vorgesehen.

Eine Regel gab es dafür nicht und ich wollte auch keine vorgeben, zumal es die Absprache mit dem Betriebsrat gab. Also habe ich ihnen letztendlich unser Why mitgegeben und habe gesagt: „O.k. unser Why ist, dass die Leute draußen die bestmögliche Schulung erhalten, um den bestmöglichen Service am Kunden zu leisten. Also lasst uns entsprechend diesem Why individuell entscheiden." Wie sich herausstellte, war das letztendlich ganz leicht: Es gab Fälle, da war das Team schon so schnell, der Trainer so cool, die ganze Bande sowieso schon so weit entwickelt und so fein im Thema drin, dass es total überflüssig gewesen wäre, das Ganze noch einmal zu wiederholen. Dann zählten meine Mitarbeiter das als eins. Und es gab es andere Fälle, wo die Leute glücklich waren, dass sie noch einmal von vorne anfangen können. Weil das, was da an Input kam, eigentlich schon mehr war, als sie eigentlich hätten vertragen können. Und dann zählten wir das als null. Was passiert ist, war folgendes: Nur aufgrund dieser Haltung, den Menschen die Freiheit zu geben, selbst nach bestem Wissen und Gewissen entscheiden zu können. Das Ziel klar vor Augen: Unsere Servicetechniker sollen die bestmögliche Ausbildung haben, damit sie den bestmöglichen Job machen können. Innerhalb von drei Monaten sind die Beschwerden unseres Betriebsrats auf nahezu null geschrumpft.

Neben dem großen Why gibt es ja immer auch einzelne Werte, mit denen du dich als Führungskraft identifizierst, die du in deine Arbeit einbringst. Vielleicht kannst du dich ja auch von dem einen oder anderen Gedanken hier noch inspirieren lassen. Wie wäre es mit beispielsweise mit Unabhängigkeit, zugegeben eine hohe Messlatte. Für mich wäre das für jede Führungskraft total wünschenswert, weil in dem Augenblick, wo ich mich frei fühle, wo ich unabhängig bin, kann ich sagen, was ich denke. Du könntest es aber auch genauso gut mit dem Wort und Wert „Mut“ ersetzen. Denn du musst manchmal auch mutig genug sein, um deinen Mund aufzumachen, dich für dich selbst und die Belange deines Teams einzusetzen.

Für mich, und das hatten wir im Verlauf dieses Buches schon öfter, ist ein weiterer Wert natürlich eine gute Mischung zwischen dem sich selbst bewusst sein – weil Führung immer bei mir selber anfängt – und sich selbst vertrauen und dem Vertrauen auch anderen gegenüber. Vertrauen ist das Produkt aus (Un-)Verletzlichkeit und (Un-)Sicherheit. In dem Augenblick, wo ich mir vertraue, bin ich unverletzlich. Unverletzlich, aber nicht im Sinne von Panzer, sondern im Sinne von innerer Stärke, innerer Haltung, bin ich in dem Augenblick, in dem ich offen damit umgehe, mich auch verletzlich zu zeigen. Was soll mir dann auch noch passieren? Beim zweiten Punkt: Je höher die Unsicherheit, desto mehr brauche ich Mut, um zu vertrauen, oder Mut in mich. Also letztendlich hängen diese Themen auf einer tieferen Ebene alle zusammen.

Wenn ich überlege, welche drei Attribute braucht eine Führungskraft unbedingt, würde ich als Erstes sagen: Bewusstheit. Ja, eine Führungskraft muss sich bewusst sein, wer bin ich, was bin ich, was sind meine Stärken und meine Schwächen. Wenn ich diese Bewusstheit habe, dann habe ich erst mal viele Ängste nicht mehr. Dann habe ich auch viele andere Probleme nicht mehr.

Als zweites kommt für mich eine gewisse Offenheit dazu. Ich könnte es auch übersetzen mit Neugierde. Wenn ich in Gespräche gehe, offen, ergebnisoffen zu sein. Wenn ich einen Mitarbeiter – egal wegen was auch immer – vor mir sitzen habe, neugierig zu sein: Warum agiert die Person gerade so, wie sie agiert? Und zwar wirklich aus menschlicher Neugierde. Das hilft immer, um in einen guten Gesprächsfluss miteinander zu kommen.

Und schließlich der Gestaltungswille. Ich brauche für eine gute Führung Gestaltungswillen. Warum sonst sollte ich überhaupt führen wollen? Was viele dabei missverstehen ist: Ich muss nicht immer und bei allem selbst der Vordenker sein. Aber ich muss andere motivieren können, vorzudenken. Das ist vielleicht sogar ein ganz entscheidender Fehler, wenn man überhaupt von Fehler sprechen kann, den viele Führungskräfte machen. Sie meinen immer, sie müssen alles sein, alles können, alles vorgeben, allen und allem vorangehen. Wenn du es schaffst, von diesem „Voran-Müssen“ einmal wegzukommen, dann wirst du einen super Job als Führungskraft machen. Dein oberster Wert, dein tägliches Streben sollte ganz einfach sein: Ich lasse die anderen tun und begleite sie dabei. In einem wertschätzenden Miteinander. Dann macht das alles Sinn!

Takeaways

Führe Dich zuerst selber – und sorge für Dich

Mitarbeiterinnen und Mitarbeiter brauchen Rollenvorbilder und wahrhafte Gespräche. Macht Euch klar, in welchem „State“ Ihr selber seid – und steht dazu. Vorgespielte Sicherheit wird von jedem als eine solche erkannt – und das Vertrauen in Euch wird geschwächt. Dazu gehören Dinge wie Resilienz, positive Gedanken, Sport, Ernährung, Meditation – was immer EUCH ganz individuell guttut!

Bleibe menschlich – auch, wenn es virtuell wird

Führung ist persönlich! Jede Mitarbeiterin und jeder Mitarbeiter steht an einem anderen Punkt. Gespräche mit jedem einzelnen zu der jeweils individuellen Situation schaffen Vertrauen, positives Commitment und stärken letztlich den Teamgeist. Was sind die aktuellen Bedenken? Wie sieht die – unter den gegebenen Rahmenbedingungen – beste Lösung aus? Wie geht es jedem/r Einzelnen in der Situation?

Kommuniziere klar Deine Erwartungen

Wenn „remote" gearbeitet wird, ist es noch wichtiger als im Office, präzise zu kommunizieren. Was ist der Arbeitsauftrag, welche Qualität muss erreicht werden – und wann ist die Deadline? Und das Ganze natürlich abgestimmt auf den Zweck (Purpose) Eures Unternehmens, Eurer Abteilung. Warum ist diese Aufgabe wichtig, wozu trägt sie bei, was wird damit erreicht? Je mehr Hintergrundinformationen gegeben werden, desto selbstständiger kann und wird die Aufgabe gemeistert werden.

Schaffe Raum und Atmosphäre

Rituale geben Sicherheit. Die morgendliche Videokonferenz mit allen - und wenn es nur 15 Minuten sind. Ein „Raum" zum Zuhören, Unterstützen, einfach „DA-SEIN" ist das, was gerade heute den Zusammenhalt stärkt und hilft, gemeinsam mit der Krise zu wachsen. Als Mensch. Als Team. Als Gemeinschaft.

Einfach Tun!

Viele erstarren gerade - und keiner macht den ersten Schritt. Habt den Mut, Verantwortung zu übernehmen, Entscheidungen zu treffen und vorsichtig voranzugehen. Die „da oben" wissen es auch nicht besser. Keiner hat so etwas bereits erlebt. „Better is better than not better" (Obama) – es muss nicht perfekt sein.

Zusammenfassung / Fazit / Nachwort

Führung ist immer ein Prozess! Deshalb halte ich es auch für kritisch, das Ganze in bestimmte Phasen zu unterteilen, nur bestimmte Bereiche zu betrachten. Führen ist mehr als nur Entwicklungsmaßnahmen festzulegen. Führung ist ein lebenslanger Prozess – sowohl für jeden Einzelnen als auch für das Team und für das Unternehmen.

Letztendlich ist Führen wie Zähneputzen. Es reicht nicht, einmal im Jahr zur Prophylaxe zu gehen, sich schön die Zähne reinigen zu lassen, dann blitzen und strahlen sie wieder – und du denkst: Wunderbar, für dieses Jahr habe ich alles getan! Wirklich? Führung ist dann, wenn du es täglich machst. Deine Zähne sind dann gesund, wenn du sie täglich mindestens ein Mal, besser zwei Mal putzt. Morgens und abends. Dann hast du gute Zähne.

Gute Führung ist, wenn du permanent am Ball bleibst und nicht, wenn du einmal im Jahr ein Training machst. So wunderbar ein Kurs – als prophylaktische gründliche Reinigung sozusagen – auch sein mag, die Wirkung ist nicht von Dauer. Vor allem auch wegen des bekannten Seminareffekts: Du kommst emotional völlig aufgewühlt, weil du so viele tolle, neue Sachen erfahren und gelernt hast, zurück ins Unternehmen. Dann machst du ein Teamevent, um deine Begeisterung zu teilen und deine neuesten Erkenntnisse über die wundervolle Welt der Zusammenarbeit weiterzugeben, und deine Leute sagen: „Ach ja, der kommt wieder mal vom Training. Einfach zuhören und alles über sich ergehen lassen, in spätestens einer Woche ist alles vergessen und wieder beim alten."

Das gibt es häufig und ist überhaupt kein böser Wille. Es ist einfach schwierig, wenn du als Führungskraft von einer Einzelmaßnahme zurückkommst. Wenn sie gut war und gewirkt hat, hast du sicherlich die eine oder andere Verhaltensebene, die du ändern möchtest. Es gibt aber auch andere (unverbesserliche) Fälle. Die fühlen sich bestätigt, dass sie schon immer ein toller Hecht waren und sie nichts besser machen könnten. Das sind typischerweise die, die ganz, ganz viel besser machen müssten, aber nicht richtig hingehört haben, nicht wirklich erreicht worden sind. Die vielleicht keinen klaren Spiegel vorgehalten bekommen haben und nur in den allerseltensten Fällen, weil sie wirklich so außergewöhnlich sind.

Gerade die schon guten Führungskräfte kommen oft zurück und haben tausend Dinge im Kopf, wie sie noch besser werden könnten. Und dann zerreißen sie sich, anstatt sich auf ein bis maximal drei konkrete Maßnahmen zu konzentrieren, indem sie sagen: So, genau da möchte ich jetzt wirklich mein Verhalten ändern. Da möchte ich ab morgen anders sein und anders handeln. Ich möchte meinen Mitarbeitern besser zuhören. Ich möchte, wenn ich in ein Kritikgespräch gehe, die Zeit erst einmal dafür verwenden, dass wir ein gemeinsames Problemverständnis haben, dass mein Gegenüber überhaupt versteht, worum es mir geht, und ich verstehe, warum die Person so handelt, wie sie gehandelt hat. Für mich gibt es nichts Schöneres, um Führung (weiter) zu entwickeln als Feedback. Und zwar wahres Feedback.

Dazu gibt es eine wirklich tolle Übung, die ich euch an dieser Stelle zum Abschluss des Buches noch mit auf den Weg geben möchte: Wenn ihr morgens in die Firma geht (oder zuhause am Rechner sitzt) packt einfach mal drei Cent-Münzen in die linke Hosentasche. Und jedes Mal, wenn ihr an dem Tag gefragt habt: „Hey, war das jetzt so, wie du es erwartet hast, oder hättest du dir etwas anderes gewünscht?“ dürft ihr eine Cent-Münze von der linken in die rechte Hosentasche stecken. Es geht also nicht um eine große Geschichte, sondern ganz einfach im Kleinen nach Feedback zu fragen.

Und wenn ich mir als Führungskraft angewöhne, nicht eher nach Hause zu gehen (oder den Schreibtisch im Homeoffice zu verlassen), bevor diese drei Cent-Münzen tatsächlich in der rechten Hosentasche sind, dann bin ich sehr, sehr gut unterwegs.

Das ist letztendlich so einfach! Wir wollen ja alle. Keiner steht doch morgens auf, nach dem Motto „Boah, heute mache ich mal einen richtigen Scheißjob!“ Das ist eher die Ausnahme. Und wenn es das doch gibt, dann ist im Vorfeld schon ganz, ganz viel passiert. Aber da sind wir bei einem anderen Thema.

Führung klingt immer nach Problemen. Und Leadership-Maßnahmen nach immens großen Geschichten. Dabei ist Führung einfach nur ein Puzzle mit unendlich vielen kleinen Bausteinen. Manchmal passt ein Stück spontan zum anderen, manchmal suchen wir länger, bis wir das passende Puzzlestück gefunden haben. Die meisten fangen mit den vier Ecken und auf einer Seite glatten Teilen an, weil die sich schneller finden lassen und es immer einfacher ist, wenn wir schon mal einen Rahmen haben. Und irgendwann, wenn wir die richtigen Farben und Motive zusammen haben, ergibt sich ein wunderbares Gesamtbild. Für den Augenblick ist das Puzzle perfekt, wir erfreuen uns daran, konservieren es, um ein neues zu beginnen, oder zerlegen es, um es später noch einmal zusammenzubauen.

Ganz so wie auch Führung funktioniert: Wir kleinen Menschlein gehen einfach miteinander um, im 2er-Gespann, im größeren Team ... in unterschiedlichen Konstellationen, und schauen jeden Tag aufs Neue, wie weit wir mit unserem Puzzle kommen. Ich wünsche euch unendlich viel Spaß im menschlichen Miteinander, beim Entdecken und Entwickeln, jeder für sich und zusammen, mit Verständnis und Vertrauen, und dass ihr alle eure Rolle als Führende und Geführte genießt – denn es ist die wundervollste Aufgabe, die man sich vorstellen kann!

Dr. Marion Bourgeois

Zusatzangebot

Erfolgreiche Führung ... in der neuen Welt. Wie wichtig es ist, fit für die digitale Zukunft zu werden – das ist dir bewusst, genau deshalb hast du dieses Buch gelesen und konntest die ersten wertvollen Ideen und Anregungen für dein Leben als Führungskraft, deine Karriere mitnehmen. Praxisnah geht's auch gleich weiter mit einem hochwertigen Zusatzangebot für dich: wenn du dran bleiben willst, und davon gehe ich aus, kannst du hier einen Zusatzjoker ziehen:

Ein kostenloses Strategiegespräch zu deiner Ausgangslage und wie dir mein bewährter 5-Stufen-Prozess dabei helfen kann, die Führungskraft zu werden, die in dir steckt – lösungsorientiert und charismatisch.

Nutze dazu einfach folgenden QR Code:

https://www.marionbourgeois.de/marion-bourgeois

Ich freue mich auf Dich!
Deine Marion

Die Autorin

Dr. Marion Bourgeois, promovierte Physikerin und zweifache Mutter, ehemals Geschäftsleitung innerhalb eines DAX-Konzerns sowie Aufsichtsratsmitglied. Außerdem ist die Autorin als zertifizierter Excellence-Coach, Mediatorin und Speakerin selbstständig. Dabei bringt sie mit ihren Vorträgen und in praxisnahen Trainings Menschen in die Selbstverantwortung und Unternehmen zum Kulturwandel. Ein Schwerpunkt liegt auf dem Thema „Frauen in der Führung" mit dem Ziel, durch Exklusiv-Coachings „die Quote ohne Quote zu erhöhen".

Printed in Poland
by Amazon Fulfillment
Poland Sp. z o.o., Wrocław

32287170R00090